알고 싶은 마음에
단숨에 읽는
철학 대화집
우리가 몰랐던 동양철학의 모든 것

알고 싶은 마음에
**단숨에 읽는
철학 대화집**

초판 1쇄 인쇄 2018년 8월 15일
초판 1쇄 발행 2018년 8월 20일

지은이 신창호, 남정미
기획 story planning management 피뢰침
독자 교정 박사, 그대로, 낙지, 라온, 유진 엄마
펴낸이 김명숙
펴낸곳 나무발전소

등록 2009년 5월 8일(제313-2009-98호)
주소 03900 서울시 마포구 성산동 68-1 코램빌 201호
이메일 tpowerstation@hanmail.net
전화 02)333-1962
팩스 02)333-1961

ISBN 979-11-86536-60-5 03100

※책값은 뒤표지에 있습니다.

알고 싶은 마음에 단숨에 읽는 철학 대화집

우리가 몰랐던 동양철학의 모든 것

신창호·남정미 지음

사유의 길은 가깝고도 멀다!
보편은 보편성을 지니지 못하고,
특수는 특수성에 사로잡힌다! 대동소이(大同小異)한
저 사유의 늪에서 헤어나는 길은 현실을 직감할 때다!
다시, 전혀 다른 듯이 낯선 사상에 침잠할 때, 전율이
다가온다!

철학의 쓸모?
인생의 목표에 좌표를 찍는 일

보통 철학하면 '지혜에 대한 사랑'이라고 합니다. 여기
서 말하는 '지혜'란 지금까지 인류가 쌓아온 수많은 지
식들, 축적해 놓은 문화적 현상을 통틀어서 지혜, 지식
이라고 합니다. 그리고 '사랑한다'는 건 아낀다는 의미
로도 해석할 수 있습니다.

마음과 우주의 리듬이 곧 절기다.
봄 여름 가을 겨울의 리듬이
곧 자연이다. 절기는 현대인에게
자연의 생체리듬에 맞게 살아가는
방법을 알려준다.

동양철학을 공부하는 첫 번째 방식은 뭐냐면 책 속에
빠져 허우적대지 말고 그 책을 내 것으로 받아들이되,
받아들인 다음에 나의 글쓰기가 나오든, 나의 말하기
가 나와 줘야 합니다. 그렇게 하려면 아까 말했듯이 사
색하는 산책을 해야 합니다.

나무
발전소

　동양철학이라는 영혼이 방황하고 있습니다. 인문학이라는 이름으로 혹은 힐링의 대상으로 여기저기 나부끼고 있습니다. 그만큼 대중화의 길로 가고 있다는 차원에서, 동양철학이 생활인문학이자 인생철학으로 전환되고 있어, 고무적이기도 합니다.

　30여 년 전, 노장(老莊)에 심취했다가 공맹(孔孟)으로, 또 우연한 기회에 불교 화엄(華嚴)에 빠진 적이 있었습니다. 그러다 기독교의 바이블(Bible)을 읽으며, 사상의 회통(會通)을 느낀 적이 한두 번이 아니었습니다.

　사유의 길은 가깝고도 멀다!

　보편은 보편성을 지니지 못하고, 특수는 특수성에 사로잡힌다!

　대동소이(大同小異)한 저 사유의 늪에서 헤어나는 길은 현실을 직감할 때다!

다시, 전혀 다른 듯이 낯선 사상에 침잠할 때, 전율이 다가온다!

이 동양철학에 관한 대화는 우연한 기회에 이루어졌습니다. 나를 이해하고 관심을 가져준 친구 맹한승이 물귀신처럼 조용히 요청해 왔습니다.
"동양철학을 전공한 전문가들만의 전유물이 아니라 일반 교양인과 함께 호흡하는 동양철학 책을 써라!'
나는 말했습니다.
"글 쓸 시간이 없다!"
역시 기획자이자 물귀신은 달랐습니다. 이미 예상하고 있었다는 듯, 대담을 통해 책으로 펴내겠다고 바람을 잡았습니다. 그 결과가 이 책입니다.

대담자인 남정미 작가는 개그우먼으로 출발한 현직 방송인입니다. 이미 책을 낸 작가로, 방송인 신분이라 처음 대담과정에서 약간의 부담을 느꼈습니다. 하지만 시간이 지나면서 그것은 기우에 불과했습니다. 만남을 거듭한 결과, 그녀는 너무나 털털했고 순수했습니다. 나를 '샘'이라고 부르며 끌어안다시피 좋아했고, 제자로 자청하는 바람에 오히려 내가 그녀에게 매료되었습니다.

그동안 동양철학은 고루하고, 개념이 너무 어렵고, 여성에게 억압적이며 심지어는 돈이 안 되는 생각이라는 평가를 받아왔습니다. 무엇보다 안타까운 것은 동양철학이 '현대를 살아가는 우리들에게 적확한 현대성을 제시하지 못하는 게 아니냐?' 하는 우려섞인 평가입니다. 하지만 고전을 통해서든 해설서를 통해서든 동양철학을 맛본다면 이성적인 차원, 감성적인 차원, 합리적인 차원에서 우리 생활에 얼마나 큰 도움이 되는지를 몸소 깨닫게 됩니다. 동양철학은 현대성에 대한 철학적 해법을 분명히 제시하고 있습니다. 다만 우리가 구체적으로 찾아보지 않았기 때문에 그 해법을 잘 모를 뿐입니다.

생각의 수고로움을 기피하는 대중들은 이미 서양철학이 우월적 지위를 갖고 있다는 판단을 내리고 '동양철학은 볼 것 없겠다'고 단정지어 버리지요. 그러나 진지하게 '인의예지신'이라든가 '도가가 갖고 있는 자연철학적 사유'라든가 '불교가 갖고 있는 공(空)의 정신'을 접하면 동양철학이 결코 고리타분한 것, 낡은 것이 아니라는 것을 알게 됩니다.

평생을 동양고전을 공부한 학자로서 동양철학에 대한 어려움과 낯설음을 이번 대담을 통해서 조금이나마 풀어보고자 했습니다.

대담은 격의 없이 진행되었습니다. 동양철학에 문외한이라고 자처한 남정미 작가가 묻고 제가 대답하는 형식이었습니다. 가장 가까운 문제부터 근원의 문제까지, 중구난방으로 진행되었습니다. 형식은 격의 없었지만 알맹이를 놓치지 않으려고 애쓴 남 작가 덕분에 저도 분발할 수 있었습니다.

대담의 내용은 책의 차례에서 그 대강을 알 수 있을 것입니다. 동양철학의 개념에서 현대적 의미, 실생활에서의 반영과 우리 사회의 전통, 문화적 유전자에 이르기까지 교양인을 위한 담론을 구성해 보았습니다.

이런 담론을 기초로, 이 책을 마주하는 모든 사람들과 함께 동양철학에 관한 삶의 대화가 진행되기를 소망합니다.

마지막으로 책을 꾸며준 김명숙 대표에게도 감사의 인사를 전합니다. 인문학 출판 시장이 어려움에도 불구하고, 출판에 대한 사랑과 의지로 따스하게 보듬으려는 손길이 아름답습니다.

2018년 경칩(驚蟄) 무렵
남양주 청옹정사에서 신창호 배상

당신이,
"아…… 그래도 살면서 동양철학 책 한 권은 읽어야 하는데……' 했다면,
그 한 권은, 바로 이 책이길 바란다.

우선 이 책은 쉽다.

공자가 그랬던 것처럼 신창호 교수님은 깊은 본질을, 나 같은 무지랭이도
알아듣기 쉽게 대화를 통해 알려주신다. 입말체인 이 책을 따라 유랑하다
보면 사람에 따라 상황에 따라 부드럽게 태를 달리하는 물과도 같은 동양
철학의 유연함을 알게 될 것이다. 아울러 확대 해석 또는 삐딱한 선입견으
로 동양철학을 대한 것에 미안해질 것이다.

그렇다. 이 책은 그토록 잘 만든 책이다.

이 대담을 통해 나는 동양이라는 지리적 위치에서 살아가는 구성원으로서 어떤 마음으로 살아야할지 순리와 이치를 알게 되었고 그 덕에 주제 파악을 할 수 있게 되었다. 앞으로 한결 더 수월한 인생을 살 게 될 듯하다.

밟히고 부서진 내 멘탈이 바람에 날려 탈탈 털려도, 여전히 뿌리내린 두 발은 굳건히 나를 지탱해 줄 것이기에. 비바람과 거친 계절이 지나면 다음 해에 또 다시 잎을 틔우고, 꽃이 피고 과실이 맺게 될 것이라는 것을 안다.

동양철학이 뭔지 알고 싶은 마음에 단숨에 이 책을 읽었다면, 이후 동아시아의 뿌리 깊은 전통, 동양의 생명력, '철학'을 본격적으로 공부해 보길 바란다. (함께 나올 신창호 교수님의 역자 『한글 세대를 위한 한 권 사서』를 강추하는 바요.)

나의 부모님과 다금 그리고 학창시절 선생님들, 코미디언들과 나를 아는 모든 지인분들께 사랑을 전하고 싶고, 맹한승 편집자 님과 김명숙 대표님, 신창호 교수님께 존경을 올린다.

남정미 삼가 씀

차례

시작하는 말   004

제1장 동양철학, 너의 정체를 밝혀라

개인이 추구하는 삶의 태도가 '철학'   016

위대한 철학자는 대화로 지혜를 찾는다   020

동과 서, 지향하는 세계관이 완전 다른 건 기분 탓인가요?   027

동아시아철학, 벼농사가 발달한 몬순기후 지대에서 발생   037

배운다는 건 몸에 배는 것!   044

현대인에게 동양적 사유가 필요한 이유   048

철학의 쓸모? 인생의 목표에 좌표를 찍는 일   054

너 자신을 알고 자신을 탐구하라   060

제2장 어떻게 살아야 잘사는 건가요?

원형이정, 시작과 끝은 무한반복한다 070

자연의 질서에 맞게 '욕망'하면 돼! 081

일상의 욕망에 지배당하지 않으려면? 087

어질 인 – 오픈 마인드 – 사랑 091

가르침이 배움의 절반이다 098

그런데 지금은 어떻게 합니까? 106

태초에 우주자연이 있었다 110

음양, 우주 질서의 시작 117

내 마음의 밝음을 밝혀라 125

동물에서 인성으로! 그 출발점은 '혈연 간의 예의' 131

사귐의 중심축은 언제나 믿음과 신뢰 141

조절의 최정점 '중용' 149

호연지기란 마음의 중심을 단단히 다지는 노력 157

도(道), '마땅히 내가 가야 할 길을 가는 것' 165

제3장 **우리가 몰랐던 동양철학의 쓸모**

패배의식과 선망의식 사이에서 길 잃은 동양철학　　170

박제가 된 전통을 어떻게 할 것인가　　180

동양철학에 대한 이해와 오해　　186

생각의 궁극은 변화 – 거듭남 – 깨달음　　191

근대 이전과 근대 이후의 동양철학　　196

동과 서, 역사 발전의 토대가 다르다　　203

기계론적 발전사관 vs 순환적 유기체사관　　216

민주주의시대, 개인이 바로 '군주'　　220

자포자기 말고 궁리진성!　　230

제4장 무엇을 할 것인가?

4차 산업혁명시대에 유학적 사유란?   238

주자학의 전파와 조선정신의 태동   243

율곡과 퇴계의 유학세계, 이와 기는 오묘하다   250

유학은 허학이 아닌 '실학'이다   258

변방 중의 변방에서 꽃 피운 조선 유학   268

어떻게 죽을 것인가?   275

기본틀을 이해하고 해체해서 응용하라   281

동양철학, 어떻게 공부할 것인가?   289

제1장

동양철학,
너의 정체를 밝혀라

개인이 추구하는
삶의 태도가 '철학'

남정미 작가
(이하 **ㄴ** 으로 통일)

샘, 앞으로 우리가 동양철학의 세계를 돌아댕겨 볼 텐데, 기웃거리기에 앞서 우선 '철학', 이것이 뭔지 알아봐야 할 것 같아요.

신창호 교수
(이하 **ㅅ** 으로 통일)

철학이 뭐냐? 참 원론적인 질문이죠. 단적으로 말하자면 철학은 우리 일반 사람들의 의식의 문제입니다. 그런데 불과 30여 년 전까지도 우리에게 철학은 몇 몇 배운 사람들이나 하는 '특별한 사유' 정도로 인식되어 있었습니다. 쉽게 말하면 대학의 교수들이나 특별한 학자들의 전유물로 생각해 왔던 거죠.

그런데 원론적으로 따지고 보면 철학은 일반인들의 인식 그 자체입니다. 우리가 생활 속에서 '개똥철학이다', '인생철학이다'

하는 말들을 많이 하잖아요. 그처럼 개개인이 갖고 있는 삶에 대한 태도, 그것이 바로 개인의 철학인 것입니다.

ㄴ 개개인이 갖고 있는 삶에 대한 태도? 겨우 그 정도 대답만으로 '나 철학 좀 아는(하는) 여자야~' 할 수 있다는 얘긴가요? 오 쉽게 묻어갈 수 있겠는데? 그런데 왜 사람들은 무턱대고 철학은 어렵다고 생각하는 걸까요?

∧ 우리가 철학이라고 하면 아직까지 '대학 강단에서만 말하는 그럴 듯한 어려운 말' 정도로 이해하기 때문에 철학이 어렵다고만 인식되고 있는 겁니다. 철학은 영어로 필로소피(philosophy)라고 합니다. 필로스(pilos)와 소피아(sophia)의 합성어죠. 두 음운을 합쳐서 우리말로 '지혜에 대한 사랑'이라고 정의를 내리고 있죠. 그런데 사람들은 이게 뭔 말인지도 모릅니다. 뭐가 '지혜'인지도 모르는데 '지혜에 대한 사랑'은 어떻게 알겠습니까.

우리가 이해할 수 있게 철학을 달리 정의하면 철학은 영어로 비전(vision)이라는 의미로도 통할 수 있습니다. 예를 들어서 "당신은 개그맨 하려고 하는데 무슨 비전을 가지고 해?"라든가 "당신은 어떤 출판사를 만들고 싶어?", "당신은 국회의원 하려고 하는데 무슨 비전을 가지고 해?" 하면서 많이들 '인생의 비전이 뭐야?', '삶의 비전이 있어?' 하고 물어보잖아요. 그걸 조금 어렵게 얘기하면 디렉션(direction)이라고 하지요. 우리말로 풀자면 삶의 방향을 제시하는 것, 조금 더 쉽게 얘기하면 삶의 목표나 목적, 지향성에 기여하는 어떤 것을 철학이라고 합니다.

⌐ 아! 교수님께서 그렇게 말씀해주시니 철학이 훨씬 쉽게 와 닿네요. 그런데 교수님, 사람들 중에는 '앞으로 내가 어떻게 살아야 할지', '목표 혹은 지향성은 어떤 방향으로 잡아야 할지'조차 모르는 사람이 생각보다 훨씬 많잖아요? 내 삶의 지향점을 찾기 위해서는 무엇을 알아야 할까요?

⌃ 내 삶의 지향점을 찾기 위해서는 무엇을 알아야 되느냐? 그때 바로 지혜를 발휘해야 하는 겁니다. 그러기 위해서는 내가 지금까지 어떻게 살아왔는지를 알아야만 합니다. 그래야 삶의 방향을 설정할 수 있고 예측할 수 있지요.
보통 철학하면 '지혜에 대한 사랑'이라고 합니다. 여기서 말하는 '지혜'란 지금까지 인류가 쌓아온 수많은 지식들, 축적해 놓은 문화적 현상을 통틀어서 지혜, 지식이라고 합니다. 그리고 '사랑한다'는 건 아낀다는 의미로도 해석할 수 있습니다. 즉, '인류가 지금까지 쌓아온 모든 지식과 문화적 현상을 아끼는 것', 그것이 곧 '지혜에 대한 사랑'이라고 말할 수 있겠지요.

ㄴ 그러니까 우리보다 먼저 이 세상을 살다 가신 분들이 터득해 놓은 지식이나 지혜를 잘 보고 배워서 내 삶의 방향을 잡는데 테트리스처럼, 레고처럼, '스리슬쩍' 끼워 맞춰 잘 굴러가게 해보자?!!?

ㅅ 그렇죠. 그래서 나는 '철학'을 이렇게 해석하고 싶어요. 인류가 축적해온 고갱이 같은 문화적 지식을 내가 아끼는 것. 아끼다 보면 소중하게 여기게 되잖아요. 그렇게 소중하게 여기는 것을 내 삶의 디딤돌로 삼는 거죠. 살아가면서 내 삶의 좌우명이라는 게 있잖아요. 그것을 꽉 잡고서 아끼면서 내 삶을 펼쳐가기 위해 하는 노력들을 곧 철학이라고 말할 수 있을 겁니다.

다른 말로 '심지를 굳게 가져라, 마음을 잘 먹어라, 모든 일은 마음먹기 달렸다'가 다 자기 삶을 고양시키는 자기만의 철학인 겁니다. 마음을 제대로 잘 먹은 사람을 요즘 말로 '개념 있는 사람이다'고 할 수 있습니다. 그 반대편에 있는 사람, 즉 정신 줄 놓고 '멘탈'이 붕괴된 사람들은 철학이 없는 거겠지요. 결론적으로 내 삶의 목적의식을 갖는 것, 그게 철학입니다.

위대한 철학자는
대화로 지혜를 찾는다

ㄴ   우리가 철학하면 소크라테스를 제일 먼저 떠올리잖아요? 그런데 조
     금만 깊이 들어가면 알았던 이름들이 자꾸 헷갈리기 시작해요. 또 이
     사람들이 말하는 것을 들어보면 너무 어렵고 뜬구름 잡는 소리만 하
     고 있는 것 같아요. 그러다 보니 밥벌이 위해 지금 일하러 나가는 나
     랑은 전혀 다른 세계의 얘길 하고 있으니까, 자연히 거리감이 생기는
     거 같아요.

ㅅ   그것만 봐도 우리가 계급계층의식에 얼마나 깊이 사로잡혀 있는지를
     알 수 있어요. 우리가 철학하면 르네상스 이후의 서양철학자들이 바
     로 떠오르잖아요? 칸트, 하이데거, 데카르트 뭐 이런 철학자들……
     그런데 그렇게 거창하게 생각할 이유가 없어요. 서양에서 고대 소크
     라테스, 플라톤, 아리스토텔레스, 동양의 고대 공자, 맹자, 예수 이런

사람들의 공통점이 뭐냐면 '자신의 사상을 전부 대화체로 말하고 있다'는 겁니다. 『법률』, 『국가』, 『논어』, 『맹자』가 전부 다 대화체입니다. 일상 대화로 말하는 거거든요.

└ 일상 대화로 말하고 있는 것뿐이라고요?

∧ 철학에서 논의하는 것들은 이런 식입니다. "오늘 밥 먹었어?", "밥 먹었는데 쌀밥을 먹으니까 몸에 좋아, 그런데 다른 것은 어떨까?", "밥 먹는 거 이렇게 먹으면 더 맛있지 않을까?" 이것을 중학생 수준으로 얘기하면 '다이얼로그'입니다. 이 다이얼로그가 바로 대화고 그 대화가 학문적으로 발전하면 변증법이라는 게 나옵니다.

변증법이 뭐냐면 A와 B가 서로 대화를 하잖아요. 대화를 하다 보면 의견 충돌이 생길 수도 있고, 일치할 수도 있겠죠. 의견 충돌이 생기면 대화가 길어집니까? 짧아집니까? 길어지죠. 의견 합치가 되면 어떻습니까? 짧아지면서 결론이 빨리 나 버리죠. 그러면 자연스럽게 주제가 다른 것으로 옮겨 가게 됩니다. 그리고 또다시 대화하죠. 의견에 충돌이 생기면 계속 그 주제를 가지고 얘기하게 되죠. 그러다가 같이 합의점을 찾으면 또 다른 것으로 대화를 옮겨 가게 됩니다. 가끔 끝까지 충돌했는데도 합의점을 못 찾으면 헤어지기도 합니다.

사람들은 그렇게 계속 생활해 가겠지요. 그러면서 그 속에서 비전을 찾기도 합니다. 이 모든 과정이 바로 '철학하기'라고 보시면 됩니다.

ㄴ 일상의 대화를 이어가면서 철학이 생겨난다고 하셨는데요. 요즘처럼
   어려운 철학으로 바뀌게 된 건 언제부터였어요?

ㅅ 근대사회로 오면서 서양의 학문이 객관적으로 발전하게 됩니다. 객
   관적 지식, 과학적 지식이 더해지면서 좀 더 고급지식들을 막 만들어
   내게 되죠. 그런 식으로 보다 복잡하고 어려운 지식들을 자꾸 만들어
   내다 보니까 철학이 좀 더 세분화 되고 분류화 되면서 인식론, 가치
   론, 형이상학, 미학* 같은 것들이 생겨나게 됩니다.

ㄴ 누구나 '어떻게 살아야지~' 각오는 하고 삽니다. 그렇지만 그렇다고
   우리들이 진지하게 "지금 철학하고 있어"라고는 생각하진 않아요.

ㅅ 옛날 종교시대에는 목사나 승려들이 학문을 더 많이 했습니다. 그러
   다 보니 학문이 종교인들의 전유물로 느껴지곤 했죠. 일상생활을 하
   는 농부나 대장장이는 매일 농사나 짓고 호미만 만들었지, 학문에는
   관심을 가질 수가 없는 상황이었습니다. 그러다 보니 '생산자들은
   철학이 없다' 뭐 이렇게 치부해버린 측면이 많았죠. 그런데 그 사람
   들이 왜 철학이 없어요? 대장장이가 왜 철학이 없습니까? 농부가 왜

---

* 인식론은 인식의 기원과 본질, 인식과정의 형식과 방법 따위에 관하여 연구하는 철학의 한 부문. 가치론은 가치
  의 본질과 가치와 사실의 관계, 가치 판단의 기준 등을 다루는 철학의 한 부문. 형이상학은 사물의 본질, 존재의
  근본 원리를 사유나 직관에 의하여 탐구하는 학문. 명칭은 아리스토텔레스의 저작물의 제목에서 유래. 미학은
  '아름다움'을 대상으로 삼는 철학의 한 부문. 완성도가 높은 아름다움이 무엇인가를 분별하는 일이 주된 관심사.

철학이 없어요? 독일에 가면 농부자격증이 있습니다. 농부 그거 아무나 하면 안 돼요. 식물의 뿌리를 책임지는 전문간데, 함부로 농약 뿌리고 하면 안 되죠. 농부의 철학이 없으면 우리 자연생태계는 훼손되고 맙니다.

⌐ 교수님, 그런데 중세까지는 생활인들이 '철학적으로 사고하기'에는 고단한 일상사에 치여서 그런 걸 생각할 여유조차 없지 않았나요? 또 어느 면에선 기득권세력들이 의도적으로 생산자계급(농부, 대장장이 등)은 그런 생각을 하지 못하도록 몰고 간 측면도 있는 것 같아요.

⌃ 그렇죠. 그런 측면이 분명히 있었죠. 중세뿐만 아니라 근대까지도 기득권세력은 '철학은 아무나 하는 것이 아니야. 너희들 피지배인들, 낮은 단계의 생산직에 종사하는 사람들은 그 일에만 종사해' 하면서 철학을 특정계급의 전유물처럼 여기도록 조장했죠. 그런데 사실 철학은 서구유럽에서는 유한마담들이 한가할 때 수다 떨고 하면서 즐기던 대화의 방식이었습니다. 유한마담이라는 말 들어 보셨죠. 유한(有閑)이라는 단어는 한자인데 쉽게 말해서 한가한 사람들이란 말입니다. 한가한 사람들이 앉아서 고급스런 대화하고 노는 것. 이런 것을 서유럽에서는 철학이라고 했죠. 철학이 대중 곁으로 쉽게 다가갔던 거지요. 좋게 말하면 유한마담들의 대화를 '철학'으로 격상시킨 거죠. 그 당시 서구유럽의 유한마담들이 놀던 곳이 살롱입니다.

ㄴ　어, 내가 아는 '마담'은 밤에 영업하는……. 그러니까 좀 으슥하고 막 좀 야하고, 의상비 적게 들어가는, 하지만 비싸고 고급인 방에서 자주 등장하는 여성 정도로 생각이 되는데요. 의외로 처음엔 수준 높은 그룹이었군요.

ㅅ　요즘은 (룸)살롱이라고 하면 퇴폐적인 곳이 연상되지만, 그때 살롱은 유한마담들이 모여서 고급대담을 했던 곳이죠. 요즘으로 치면 유한마담들의 인문학 카페 정도 된다고 할까요. 그러한 살롱이 철학적으로 발전한 곳이 바로 스쿨입니다. 학교지요. 스쿨을 학파라고 하거든요. 따라서 스쿨은 한가한 사람들이 자기 자식들을 학문적 대화나 지적인 주제를 논의하라고 보내는 담론의 공간이라고 볼 수 있습니다. 그때는 돈 없는 사람들은 스쿨에 못 다녔습니다.

ㄴ　예나 지금이나 돈 있어야 스쿨 가는 것은 마찬가지네요. 그런데 교수님, 서양은 그렇게 서양철학이라는 이름으로 발전되어 왔는데 우리 동양은 어떤 식으로 '철학'이 성장한 거예요? 아, 우선 궁금한 것 하나! 철학 앞에 동양철학, 서양철학 이름을 붙이는데 이건 뭘 기준으로 붙인 거지요?

ㅅ　지금 남 작가가 질문한 것. '동양철학', '서양철학'이라고 하는 것들. 앞자리에 왜 '서양', '동양'을 붙이는지를 알아보기 위해서는 우선 세계

지도를 봐야 합니다. 그러면 우리가 '동양'이라는 것에 대해 갖고 있는 잘못된 인식도 바꿀 수가 있지요. 남 작가, 세계지도를 쫙 펼치면 우리나라는 세계의 어디에 있어요?

└ 세계지도에 우리나라요?(생각을 하는데……. 자신이 없다) 오른쪽 <u>끄트머리</u>, 아시아의 끝 쪽 아닌가요?

∧ 우리가 보는 세계지도에는 오른쪽에는 태평양을 건너서 미국 땅덩어리가 있고, 그 밑에 브라질이라는 큰 나라가 있죠. 왼쪽은 인도를 비롯해서 우리가 흔히 말하는 영국 <u>끄트머리</u>까지 쫙 펼쳐져 있잖아요. 그럼 우리나라는 어디 있지요?

└ 우리나라는 세계지도의 중심에 있지요.

∧ 그죠? 가운데 있죠. 그런데!! 그 의식부터 빨리 깨지 않으면 우리가 초등학교부터 대학교 때까지 배웠던 동양은 전부 아전인수격으로 해석을 했다는 걸 모르고 지나치게 되는 겁니다.

└ 교수님, 그게 무슨 섭섭한 말씀이세요? 그럼 우리나라가 세계의 중앙에 있는 게 아니었어요?

네, 아닙니다. 생각을 100% 바꿔야 합니다. 그러니까 소위 민족주의자(부정적으로 얘기하면 국수주의자)라고 하는 사람들이 민족종교를 얘기하면서 늘 "대한민국이 세계에서 뜨고 있다.", "한반도에 기운이 몰린다." 뭐 이런 이상한 민족 자부심 부추기는 말을 합니다. 그런데 그 말들은 사실 얼치기 철학이자 한마디로 개념 없는 소리입니다. 왜 그러냐면 서양 사람들 눈에는 우리나라는 극동아시아에 있는 조그만 나라에 불과하기 때문입니다. 극동아시아가 뭐에요? 파 이스트(Far East)입니다. 아시아 중에서도 가장 구석, 끄트머리 중의 끄트머리. 쉽게 말하면 세계의 촌놈, 변방 중에서도 변방이란 말이지요.

제가 왜 이런 말을 하냐면 철학을 하려고 하면 철저하게 지리·문화적 풍토를 알아야 하기 때문입니다. 아직까지도 세계사는 철저히 서유럽 중심의 역사거든요.

아, 그럼 철학 공부하기 전에 확실히 지리부터 개념 잡고 가야겠네요.

동과 서, 지향하는 세계관이 완전 다른 건 기분 탓인가요?

서유럽에서 콜롬버스와 아메리고 베스푸치가 아메리카를 발견하면서 '지리상의 발견'이 일어납니다. 미국, 어디에 있습니까? 유럽 대륙에서 왼쪽으로 쭉 가서 북아메리카 대륙의 중앙에 있습니다. 그때 탐험가들은 대서양을 건너서 왔지, 태평양으로 온 게 아닙니다. 그러니까 유럽의 신대륙 발견과정을 제대로 알지 못하니까 사람들이 우리나라를 중심에 두고 "아, 얘들은 태평양 건너서 몇 달 걸려서 신대륙을 발견한 거구나." 하고 이상한 착각을 하게 되는 겁니다. 북아메리카 중앙에 미국이 있고, 서유럽 동쪽에 영국이 있잖아요. 미국 대륙을 콜럼버스 같은 탐험가들이 발견한 그 시기는 우리나라로 치면 조선시대가 열린 지 100년 후입니다. 조선 성종 때로 왕조사회의 기틀이 잡힐 때였죠.

∟   아, 지리상의 발견이 조선 성종 때였군요.

∧   그렇죠. 그때 아메리카를 영국, 포르투갈, 스페인이 앞다투어 찾아내
는데 우리나라 역사로 보면 조선시대 전기라는 겁니다. 지금으로부
터 따지면 500년이 조금 지났죠. 그렇다면 우리가 알고 있는 북아메
리카, 남아메리카라는 건 유럽인들에게는 아직 없는 대륙인 겁니다.
(물론 거기 원주민들은 다 살았겠지만). 현재 유럽 사람들이 얘기하는 걸로
보면 미국은 없는 나라에요. 실제로는 있는데 서양문화사에서는 등
장하지 않는 거죠. 콜럼버스가 신대륙을 발견하기 전까지는. 그러면
서유럽 사람들의 생각은 뭐냐? 이들이 지리상으로 볼 때 아시아로
가면 갈수록 뭐가 됩니까?

∟   음……. 완전 동쪽 끝나라?

∧   그렇지요, 자신들의 지역에서 동쪽에 있는 나라지요. 한마디로 유럽
사람들이 볼 때 유럽 이외의 오른쪽은 다 동양입니다. 우리 중심으
로 보면 어떻게 됩니까? 우리 중심으로 보면 왼쪽은 다 서양이 돼버
려요. 결론적으로 '동양'이라는 것은 유럽 대륙을 중심으로 해서 오른
쪽, 그 쪽은 다 동양입니다. 그런데 우리나라 지도에서는 우리나라를
세계지도의 한 가운데에 딱 넣어 놨습니다. 서양의 지도엔 그런 거
없습니다. 코리아요? 오른쪽 제일 끝에 있습니다.

└ 아, 그럼 세계지도에서 제일 오른쪽에 '쩨끄맣게' 있는 곳이란 거잖아요. 우리나라는 다른 나라 사람들 눈에 띄지도 않겠네요.

∧ 자, 그러면 질문 하나 합시다. 인도가 동양이에요, 서양이에요?

└ (자신 있죠!) 동양이요.

∧ 동양이지. 그럼 힌두교는 동양종교야, 서양종교야?

└ (아까보다 자신 없이) 음 동…… 양……. 종교?

∧ 그렇다면 당신이 믿는 기독교, 가톨릭은?

└ (아, 이건 무조건 맞추지~ 큰 소리로) 서양종교요!!

∧ 아니지, 동양종교지. 그걸 중동이라고 해요. 중동은 동쪽 중에서도 중간이죠.

└ 아니 근데, 성당 가면 예수님이 대체적으로 서양 스타일이던데…… 말랐지만 키 크고 서구형 미남에, 콧수염이랑 턱수염 있고 '아, 서양 사람이니까 서양종교겠지'……. 했는데, 아닌가?

ᐱ 그건 르네상스시대에 레오나르도 다빈치나 미켈란젤로 같은 서양화
가들이 예수를 그렇게 그린 거지요. 예수의 초상화가 남아 있나요?
남아 있지 않습니다. 다만 서양화가들이 예수를 자기들 식으로 그려
놓으니까 우리가 예수를 마치 서양인인 것으로 오인하는 거죠.

ᐞ 그것 또한 우리에게 형상화 된 이미지네요.

ᐱ 서양, 즉 웨스트(West)라고 하는 곳은 해 지는 곳입니다. 서쪽으로 해
가 지니까.
그러면 동양은? 해 뜨는 곳. 단순하게 얘기하면 그렇습니다. 그래서
유럽중심으로 볼 때 지도상에서 오른쪽으로 오면 올수록 동양으로
되죠.

ᐞ 그럼 유럽 대륙을 중심으로 동쪽에서 생긴 철학들을 전부 동양철학
이라고 부르는 것인가요?

ᐱ 서양인들이 볼 때는 지리상으로 동쪽에 있는 나라에서 일어난 철학
은 동양철학이라고 부릅니다. 지중해 연안의 터키가 있잖습니까? 그
곳을 오늘날 많은 사람들이 동서 문명의 중간지점이라고 부르고 있
지요. 그런데 오늘 우리가 얘기하려고 하는 동양철학은 거기에서도
훨씬 더 오른쪽으로 와서 중국을 중심으로 하는 철학을 일컫는 겁니

Far east asia philosophy

동양철학은 지리상 동쪽에 있는 나라에서 일어난 철학이다.

동양철학은 중국에서 배태된 철학을 다룬다.

동양철학은 서양철학에 대한 동양적 대응의 산물이다.

다. 유학이라든가, 노자 장자 등의 도가철학이라든가, 인도를 넘어 히말라야 산맥을 넘어 곤륜 산맥을 넘어서 온 중국불교 등을 다루는, 중국에서 배태된 철학을 다루고 있습니다.

└ 아, 그럼 교수님. 서양에서도 동양철학이라는 말을 하나요?

∧ 서양에서는 동양철학이라고 하기보다는 이스트 아시아 필로소피(east asia philosophy)라고 말하죠. 동아시아철학. 근데 우리나라에서는 그걸 그냥 동양철학, 이렇게 말해 버려요.
근데 중국에 가면 또 동양철학이라고 안 해요. 왜냐면 자기네 철학이니까. 유교철학, 도가철학 이렇게 얘기를 하죠. 우리가 동양철학이라고 언급하는 것은 한국철학과 따로 분류하기 위한 방편입니다. 따라서 동양철학 속에 중국철학, 한국철학, 일본철학, 인도사상, 이슬람사상 이런 식으로 쭉 분류를 합니다.

└ 그럼 우리가 앞으로 얘기해야 될 동양철학은 서양에서 보면 중국철학인가요?

∧ 네, 크게 보면 중국철학을 말한다고 보면 됩니다. 우리 한국, 특히 조선시대 같은 경우는 중국철학 중에서도 유교철학, 즉 주자학에 절대적인 영향을 받았단 말이에요. 그러니까 어떻게 보면(이건 조금 미안한

얘기지만) 조선시대 철학이 율곡철학, 퇴계철학, 다산 정약용철학 등 많이 있지만, 중국철학과 구분이 잘 안 돼요. 약간의 특색은 있지만, 유교라는 전체 틀에서 보면 다를 게 거의 없어요. 왜냐면 유교이데올로기의 틀을 벗어나지 못하거든요.

┗ 그러니까 중국에서 태동한 동양철학이 아시아 곳곳으로 퍼졌고, 그걸 가지고 간 그 나라 학자들은 자기네 나름으로 지역화 시켰다는 말이네요.

▲ 예를 들어서 중국도 당쟁은 있지만, 우리처럼 심각하지는 않죠. 우리는 학문 형성이 집, 가문 중심으로 되어 있어서 당쟁이 있을 수밖에 없는 환경을 타고났습니다. 그런데 중국은 그런 게 약해요. 땅덩어리도 넓은 데다 중국을 이민족이 지배하기도 하니까 당쟁이 심화될 환경이 아닌 거죠. 반면에 우리는 타민족이 우리를 지배한 적이 근대 이전에는 없습니다. 조선시대 500년 역사, 고려시대 500년 역사잖아요. 그런데 우리가 쓰시마 섬을 정벌한 적은 있지만 지배한 적은 없잖아요. 그런데 중국은 있단 말이죠. 중국 본토인 중원을 선비족도 지배하고 몽골족도 지배하고 만주족도 지배했죠. 그러다 보니까 우리처럼 가문을 중시하지 않아요.

조선시대는 완벽한 이씨왕조 체제였어요. 그런데 중국도 한 왕조 중심사회였지만, 뭔가 불안합니다. 땅이 워낙 넓고 각 지역마다 지방자

치를 하는 장군들은 자기 세력을 넓히기도 합니다. 이런 데서 나오는 철학은 좀 다를 수가 있죠. 우리 같은 경우는 굉장히 빡빡해요. 그러니까 오래 가는 겁니다. 우리나라에서 남녀노소를 불문하고 소중히 여기는 게 하나 있어요. 바로 의리! 우리나라 사람들은 의리에 굉장히 결집된 양상을 보입니다. 하지만 중국은 그렇지 않습니다. 상황을 딱 보고 '그게 뭔데', '뭣이 중헌디' 이렇게 나오는 거죠. "의리 중요하지. 중요한데 상황을 봐야지." 그게 중국인들의 사고방식이에요. 그런데 우리 같은 경우는 상황이고 뭐고 잘 묻지도 따지지도 않고 바로 '우리가 남이가' 딱 해버리잖아요. 지금도 우리 주변에서는 흔히 일어나고 있습니다.

└ 그런데 교수님, 동양에서 철학하는 방식과 서양에서 철학하는 방식은 뭐 좀 다른가요?

∧ 네, 학문하는 스타일이 전혀 다르죠. 우리 동양에서는 공자라든가 노자, 장자, 법가 같은 사상의 요체가 앞 시대의 사상을 막 무시하고 자기 사상만 주장하지는 않죠. 그런데 서양은 어떻습니까? 다 뒤집습니다. 앞 시대에 플라톤이 얘기했다고 하면 뒤의 사상가는 '플라톤 다 틀렸어' 하고는 자기 얘기만 하는 거죠. 그들은 확 까뒤집는 게 일이에요. 그런데 동양철학은 어떠냐? 앞의 것을 완전히 뒤집는 게 아니고 다시 보완해서 가는 거죠. 원래 것은 그냥 두고 다시 해서 발전시

동양철학의 발원

서양철학의 발원

키는 거죠. 그러다 보니까 서양철학자들 입장에서 보면 동양철학은 철학이 아니라 윤리, 이렇게 보는 겁니다.

┗ 동양철학과 서양철학이 '사상'을 대하는 태도가 정말 다르네요. 서양은 정복주의고 동양은 다름을 인정하되 주관은 갖고 삶을 지향한다!! 신기한 건 어린이 책을 봐도 동양 책과 서양 책이 정말 달라요. 예를 들어『톰소여의 모험』만 봐도 모험을 떠나라, 집을 떠나 너 자신을 찾아라, 뭐 이런 이야기를 하죠. 그런데『홍길동전』을 보면 아버지가 불편해하실까 봐 서자인 아들이 아버지를 아버지라 부르지 못하고 조용한 곳으로 떠나 살고, 『심청전』에서는 심청이가 아버지 눈을 뜨게 하려고 임당수에 빠져요. 자식의 몸을 팔아서 아버지를 살리려고 하고……. 동양과 서양이 지향하는 세계관이 완전 다른 건 기분 탓인가요?

∧ 그건 지리적 풍토하고 관계가 됩니다. 크게 얘기하면, 중국과 한국을 중심으로 우리가 동양철학에서 논의하는 주요 국가를 보면 중국, 한국, 일본, 베트남 정도를 꼽을 수 있는데 당연히 종주국은 중국이지요. 철학하는 사람들이 백날 한국철학에 '인물성동론'도 있고, '사단칠정론'도 있고 하면서 한국철학이 중국보다 더 발전됐다고 하는데 내가 볼 때 그건 다 헛소리에요. 100% 엉터리에요. 종주국은 무조건 중국이에요.

└ 종주국이라 함은 처음 시작된 발원지를 말하는 건가요?

∧ 그렇죠. 동양철학의 중심은 중국이에요. 그리고 중국에서 뻗어 나와
서 영향을 받아서 발전을 한 게 한반도, 그 다음에 큰 나라가 베트남,
일본 이렇게 볼 수 있습니다. 좀 특이한 나라가 말레이시아인데, 말레
이시아 같은 나라는 이슬람이 들어와서 이슬람하고 유교가 막 섞여
있어요.

그런데 지금 내가 예로 들었던 국가들의 공통점이 하나 있습니다.

└ 어떤 건가요?

∧ 바로 벼농사가 발달한 몬순기후 지대라는 겁니다. 몬순기후는 북위

30도에서 40도 사이, 인도, 동남아시아 지역에서 나타납니다. 우리나라가 38도선 가운데입니다. 거기서 조금 아래 위는 있어요. 어쨌든 북위 30도에서부터 40도에 이르는 아시아 지역엔 벼농사가 발달합니다. 유럽엔 벼농사가 발달한 데가 어디 있어요? 없습니다. 다 밀입니다. 그러니까 다 호밀빵입니다. 그것을 인식을 안 해요. 그걸 인식 안 하면 철학 못합니다.

ㄴ 중국에서 뻗어 나온 철학을 받아들이고 퍼지게 된 나라들의 공통점이 벼농사가 발달한 지역이다?

ㅅ 지리적으로 볼 때 동남쪽이라는 거죠. 유럽에서 볼 때 중동, 근데 유럽의 같은 위도상에서 나오는 농작물은 밀입니다. 그 지역은 밀생산지입니다. 그래서 유럽 사람들은 주로 빵 먹지 쌀밥 안 먹습니다. 자, 그럼 동남아에선 벼농사를 지어요. 그럼 뭘 해먹어야 되죠?

ㄴ 벼농사를 지으면 쌀이 나오니까 밥을 지어 먹어야죠.

ㅅ 밥 플러스?

ㄴ 반찬?

▲ 빙고! 이 지역에서는 반찬문화가 발달합니다. 유럽에 반찬문화가 있어?

L 없지요. 걔들은 뭐 시켜도 한 가지만 나오잖아. 파스타 시키면 파스타만 나오고, 육고기 시키면 육고기만 주고. 아유, 인간미 없게스리~.

▲ 풍토를 모르면 철학이 안 나옵니다. 고대 중국 발원지역의 기후 변화에 주목한 철학이 바로 『주역(周易)』입니다. 『주역』은 주(周)나라 때의 역(易)을 말하는데, 일반적으로 『역경(易經)』이라고도 합니다. 이 역경이 바로 대표적인 변화의 철학입니다. 『주역』「계사전」에서 변화에 대한 언급이 있습니다. 하늘에는 상(象)이 있고 땅에는 형(形)이 이루어져 변(變)과 화(化)가 나타난다고 하죠.[1]

물론 『주역』에서 변과 화에 관한 언급은 여러 군데 있습니다. 이 변(變)과 화(化)에서 변(變)은 형태만 바뀌는 '물리적 바뀜'을 말하고, 화(化)는 성질이 완전히 바뀌는 '화학적 탈바꿈'을 의미합니다. 변은 '양적' 특성을 지녔고, 화는 '질적' 특성을 지니고 있다고 이해할 수 있겠지요. 변화를 영어로 체인지(change)라고 하잖아요. 그래서 『역경』을 중국 발음 그대로 써서 더 이칭(The I Ching)이라고도 하지만, 북 오브 체인지스(Book of Changes)라고도 하고 더 바이블 오브 체인지(The Bible of Change)라고도 합니다. 변화의 바이블이죠.

동아시아 기후는 어때요? 봄, 여름, 가을, 겨울, 확확 바뀌잖아요. 확확 바뀌면 뭘 해야 합니까? 대비를 해야지. 유비무환(有備無患)! 따뜻했다가 추워져. 그럼 김장도 해야 하고, 옷도 장만해야 되고, 뭐 이것저것 대비를 해야 하는 철학이 동양철학입니다. 그러면 서양철학은? 대비를 할 필요가 없죠, 똑같으니까. 그러니까 헛생각을 하는 거예요. '별은 왜 떠 있을까?' 그걸 유식한 말로 '관념철학'이라고 해요. 근데 우리 입장에서 볼 때는 헛소리하고 앉아 있는 거지.

L　　그러면 교수님, 동양철학은 어디서부터 시작된 건가요?

∧　　동양철학의 발원은 자연에서부터 시작됩니다. 원래 자연이 있습니다. 거기에 우리는 태어났죠. 그러면 어떻게 살 것인가? 이걸 궁구하는 데서 동양철학이 나오는 겁니다.

L　　그럼 서양철학의 시작은 다른가요?

∧　　서양철학은 출발이 그게 아니에요. 호기심입니다. '저게 뭘까?' 하는 호기심! 동양과 전혀 다른 겁니다. 이걸 이해하지 않으면 동서양 철학을 이해할 수가 없어요.
　　　자꾸 사람들이 서양철학의 개념을 가지고 동양철학을 이해하고 해석하려고 해요. 나는 그거 하지 말라고 합니다. 서양철학이 멋있어 보이죠? 그런데 우리한텐 안 맞습니다. 그들은 빵만 먹는 사람들입니다.

반찬 자체가 없어요. 그런데 우리는 어때요? 우리는 밥만 먹으면 안 되죠. 반찬을 쫙 갖춰 놓아야죠. 서양에서는 반찬을 먹고 싶어도 못 먹습니다. 기후도 일정하고, 다양하지 않죠. 그러니까 서양 사람들은 어떻게 해요? 정복주의로 가는 거예요. 식민지 개척!! 좋게 얘기하면 신대륙을 발견을 하고 미지의 세계를 찾아가는 것이지만 동양의 시각으로 보면 궁핍한 삶의 영역을 개척하려는 것뿐이에요. 하지만 정착민은 그렇지 않습니다. 사라지지 않습니다. 거기에서 열심히 생업을 유지하며 살아갈 뿐입니다.

┗ 우와!! 기후가 달라서 개척이 시작되었다? 어마무시하군요!! 동양철학에선 말씀하신 대로 자연환경도 중요하고, 정착해서 먹고사는 농경문화가 많은 영향을 끼쳤네요.

▲ 그걸 다른 말로 풍토(風土)라고 합니다. 바람 풍(風)에 흙 토(土) 자. 자연지리적 풍토로부터 문화적 풍토로 나가요. 예를 들어서 맹 주간하고 나하고 차이점이 있어. 맹 주간은 어릴 때 도시중심의 삶을 살았고, 나는 시골중심의 삶을 살았다고 하면 사안을 보는 태도가 다릅니다. 문화는 같지만 또 다른 측면에서 '어, 저 사람 왜 저러지?' 싶으면 반드시 물어볼 게 뭐냐? 바로 출생지입니다. "너 어디 출신이냐? 너 본이 어디야?" 그거 반드시 나옵니다. 왜냐면 산골출신이다, 바닷가출신이다 등등 먹고살 것 없는 곳 출신이든, 양반가문출신이든 자

라난 환경을 보면 '아, 저래서 저 친구의 사고방식이 저렇구나' 하고
딱 짚을 수가 있기 때문이죠.

ㄴ 우리가 지금까지 이야기 해왔던 삶의 방향들을 철학이라고 봤을 때
그 사람의 철학, 그러니까 삶의 방향을 보려면 어떤 환경에서 어떻게
자랐는지를 보면 알 수 있겠네요?

ᐱ 그러니까 보세요. 심리학적으로 보면 지리환경적인 배경이 다 작용
하게 됩니다. 터키에 가면 기독교인들의 파가 달라서 이곳까지 쫓겨
와서 바위굴을 뚫고 살았습니다. 그러면 그 사람들의 사고방식과 농
사지었던 사람들의 사고방식은 같을까요, 다를까요? (다르겠지요) 네,
전혀 다릅니다. 농사짓는 건 아무도 간섭 안 합니다. 내가 아침에 일
어나서 열심히 농사지어서 내가 땀 흘린 만큼 수확물을 먹고살면 끝
이에요. 거기에 왕이고 뭐고 필요 없어요.

그런데 터키로 온 기독교인은 어때요? 사람들이 계속 쫓아옵니다. 저
놈들, 이상한 예수를 믿는다고 계속 쫓아와요. 그러니까 "야, 우리 도
망가서 우리 기독교 신앙을 지키기 위해서 우리만 살 수 있는 바위
굴을 파자."고 하겠죠. 그러면 그 사람들 심리상태가 어떻겠어요? 외
부에 대한 경계, 그렇죠? 그 어떤 것을 보존해야 한다는 압박감. 그런
심리상태에서 살겠죠. 거기서 나오는 철학은 굉장히 날카롭습니다.
그런데 농사짓는 지역 철학은? "오늘 먹다가 남으면 내일 먹어, 남으

면 나눠줘야지." 이렇습니다. 따라서 자연지리적 풍토에서 문화적인 풍토로 온다고 했을 때 우리가 철학을 볼 때는 문화 풍토를 잘 봐야 하는 겁니다. 문화 풍토는 겉으로 드러난 것이고 그 이면에 들어 있는 것은 자연지리적 풍토입니다. 그게 근원입니다. 원천이죠.

예를 들어서 한강의 발원지가 어디에요? 저 태백산 골짜기에 검룡소라는 작은 샘에서부터 시작되는 겁니다. 이처럼 우리는 그 원천을 봐야 합니다. 그걸 보고 문화적으로 펼쳐져 있는 것을 보면 '아, 이래서 이런 철학이 나왔구나' 하고 알 수가 있는 거죠.

배운다는 건
몸에 배는 것!

ㄴ 교수님께서는 철학하는 것은 내가 삶을 살아가는 방식이라고 하셨잖아요. 그런데 철학 수업을 듣는 사람들은 '너의 인생은 이렇게 길을 정해서 요렇게 가거라' 하는 남의 이야길 들으러 오는 사람들인가요? 내 삶의 방식은 내가 정하는 건데 남인 교수님한테 철학을 배워서 뭐 해요? 철학은 배워서 어디에다 써먹는 거죠?

△ 물론 어느 정도 삶의 방향을 잡기 위해서 기본적으로 배워야 할 것은 있겠죠. 그러나 근본적으로 철학은 배우는 게 아닙니다. 철학은 요즘 젊은이들이 생각하는 '배운다'는 것과는 많이 다른 겁니다. 서양에서 '내가 누구를 가르친다', '나는 누구로부터 배웠다'는 개념과 동양에서 '누구를 가르쳤다', '누구에게 배웠다'는 개념은 전혀 달라요. 요즘엔 배움의 개념이 희미하니까 지금 내가 어떤 선생님으로부터 지식

을 배워서 어떻게 써먹어야 하느냐, 즉 '어떻게 시험 봐야 하느냐' 뭐 이런 생각들을 한단 말이에요. 그런데 동양은 그런 개념들이 적습니다. 무슨 소리냐면 우리가 일반적으로 알고 있는 배움이라는 사태는 이렇게 생각해야 되요. 예를 들어서 '내가 빵 먹는 것을 배웠다' 하면 빵 먹는 것을 알아요 몰라요?

ㄴ 알지요.

ㅅ 그렇죠. 아니까 뭘 할 수가 있죠. 처음에는 몰랐어. 빵은 뜯어서 먹는다는 것을 몰랐다가 배워서 알았단 말이야. 그렇게 알게 되면 나중에 뭘 할 수가 있어요? 나 혼자 먹을 수 있고 행동을 할 수가 있잖아요. 그렇다면 배움이라는 행동은 뭐냐? 바로 최종행위에요. '내가 누구로부터 어떤 것을 배웠다'고 했을 때 동양에서 '배움'이라는 것은 '내 몸에 뱄다'는 의미입니다.

ㄴ 아하!!!!!

ㅅ 우리가 일상생활을 하면서 옷에 뱄다고 하잖아요. 김치 국물이 떨어져서 옷에 배버렸어. 안 빠지네, 냄새나네 이거, 이게 다 배다라는 의미에요. 즉 배다가 배우다인 거죠.
동양적 사고에서 '배우다'는 건 우리가 배워서 뭘 한다는 게 아니고 깨우치다, 깨닫다 같은 단계를 의미해요. 즉, 배움이라는 것은 계속 익히고 익히고 익혀서 나중에 내 몸에 배는 것, 이게 배움인 겁니다.

ㄴ 우와! 그렇게 말씀하시니까 배운다는 해석이 완전 다르네요. 공부하고 지식을 쌓는 것이 아니라 깨우침으로 인해 그 다음 행위를 내가 하는 것! 와, 해석이 다르니까 의미 또한 완전 다르네요.

△ 자, 예를 들어 신창호가 신나게 철학 얘기를 합니다. 그러면 남 작가가 그 얘기를 듣고 속으로 '헛소리하고 있네', 아니면 '참 의미가 있네' 하면서 남 작가 나름대로 의식작용이 막 일어나고 깨닫고 깨우칠 것 아닙니까. 심지어는 '그것 해서 뭐하냐?' 이런 판단을 내리고 다른 걸 선택할 수도 있겠죠. 이런 게 다 배운다는 의미입니다.

ㄴ 철학이라는 것을 맛보고 나서 그 다음 생각할 거리를 찾는다??

△ 그렇죠. 철학을 내가 접해 보고, 자연스럽게 그 사람의 영향력을 받아봤어요. 그런 다음에는 내가 버릴 건 버리고 가져갈 건 가져가는 거죠. 그래서 깨우치고 맛본 다음에 내가 배우는(다른 말로 배는 것) 게 있고 버려지는 게 있죠. 그때 배는 게 진짜 나의 철학이 되는 겁니다. 나에게 배어 들었다는 건 이미 내 것이 되었다는 소리입니다. 그래서 철학한다고 했을 때 남으로부터 내가 배는 게 아니고, 무르익는 것이

내가 배는 겁니다. 남으로부터는 맛을 보거나 만나 보거나 접해 보거나 접촉해 보거나 하는 단계죠.

┗ 철학은 배우는 게 아니다. 접하고 깨우치고 그 다음 것을 취한다?
그럼 쉽게 말해서 지금 우리가 인터넷으로 철학 쇼핑을 하고 있어요.
다양하게 많은 철학 상품들 중에서 일단 맘에 드는 하나를 클릭해서
장바구니에 담아 넣고, 또 신창호 교수님 철학 클릭해서 장바구니에
넣고, 맹자, 헤겔, 데카르트 등등 맘에 드는 철학을 장바구니에 넣고
넣고 하다가 최종적으로 한번 훑어보고 나중에 무엇을 결제할지, 살
지 말지 구매 버튼 누르는 것은 내가 알아서 하면 되는 거겠네요.

∧ 맞습니다. 구매를 했을 때 내 것이 되었다고 하는 것은 그걸 가지고
내가 활용을 한다는 거죠. 그게 철학이 된 거죠.

현대인에게
동양적 사유가 필요한 이유

┗ 교수님, 요즘엔 자신이 선택할 것들이 너무 많은 다양성의 시대잖아
요. 이런 시대에 자신에게 딱 맞는 철학을 선택한다는 것도 만만한
일은 아닐 것 같은데요.

▲ 그렇죠. 지금 시대는 다양성의 시대죠. 무한한 것들이 다양하게 널려
있잖아요. 그야말로 빅데이터의 시대죠. 좋게 얘기하면 다양하니까
선택의 폭이 넓어졌어요. 그런데 나쁘게 얘기하면 아무것도 못해요.
그만큼 자기에게 배게 하는 것, 자기화 시키는 것, 자기 것을 만들기
가 엄청나게 어렵습니다. 골라내기가 쉽지 않죠. 그래서 복잡성의 시
대인 현대를 살아가는 우리는 자기만의 혜안을, 눈을 가져야 됩니다.
그러기 위해서 어떤 쪽에 집중한다든가, 한쪽으로 모은다든가 하는
능력이 필요하죠.

└ 그럼 이 다양성의 시대에 우리가 익히려고 하는, 맛보려고 하는 동양
  철학은 과연 어떤 사람에게 유리할까요?

∧ 대부분의 사람들.

└ 에? 우리? (끄덕끄덕) 뭐, 동양 애들은 그렇다고 쳐요. 근데 외국 애들
  도요? (끄덕끄덕) 에? 그 코쟁이들도 동양철학이 필요하다고요? 걔들
  은 서양에서 컸는데요?

∧ 왜 그러냐면 동양과 서양을 크게 대비해보면 서양은 외향적이고 동
  양은 상대적으로 내향적입니다. 물론 이렇게 극단적으로 대비하는 게
  학문적으로 굉장히 위험한 사고지만 편의상 우리가 이해하기 좋게 얘
  기해보자면 그렇다는 겁니다. 큰 틀에서 설명을 하자면 서양철학은
  튄단 말입니다. 미국 사람들 보세요. 뭘 만들기라도 하면 겉으로 삐까
  번쩍하고 과대광고 하느라 여념이 없죠. 그에 비해서 동양은 조용하
  게 안으로 가라앉는 특성들이 있어요. 그런데 지금 한국 사람들의 상
  당수는 무척 튄단 말이죠. 한마디로 나댄다는 거예요. 나대고 자기를
  펼쳐야 되고, 있어 보여야 되고 하는 경향성이 많습니다. 그런 사람들
  에게는 동양적인 차분함, 동양적인 힐링(healing), 이런 것들이 요구되
  죠. 그런 차원에서 동양철학이 가지고 있는 많은 좋은 덕목들이 있거
  든요. 인, 의, 덕 등등 여러 가지 덕목들, 행동양식. 이런 것들을 깨우치

며(배운다는 것이 아니고 깨우치거나 만나 본다면), '아 내가 너무 나댐질 하면서 내 인생이 피폐되고 파괴되고 있구나' 하고 느끼게 되면 내 인생의 불행하고 지루한 것을 벗어나거나 보완하기 위해서 약간의 동양철학적 사유를 하는 겁니다. 이를 통해서 내가 불행한 것을 조금 덜 불행하게 만든다거나 하는 데 기여할 수가 있다는 겁니다.

└ 아!! 그럼 동양철학만 잘 깨닫고 익혀 배우면!!
죽는 날까지 만사형통, 돈 워리 비 해피?(Don't worry be happy?)

∧ 물론 동양철학이 절대적인 대안이 되는 것은 아닙니다. 다만 좀 더 잘살려고 한다면, 거기다 플러스 할만한 도구가 있어야 하겠죠. 좀 더 열심히 살려고 할 때에 우리가 뭐가 있어야 해요? 도구가 있어야 하죠. 돈이든 버스표든 아니면 친구가 있어야 되죠. 그때에 우리가 하는 동양철학의 내용들이 하나의 친구로서 작용할 수 있죠. 얼마나 좋은 친구예요. 아무 때나 펼쳐볼 수 있죠. 전자문서함에 넣어 놨다가 전자책으로 볼 수도 있고, 필요한 부분만 카피해서 볼 수도 있고, 얼마나 좋습니까.

└ 그러니까 철학을 조금만 익히고 깨달으면 내 삶의 방향이 1번 트랙으로 가는 게 이롭겠는지, 2번 트랙으로 가는 게 좋겠는지, 어떤 친구랑 같이 가는 게 이로울지…… 뭐 이런 것들을 알게 된다는 말이네요.

교수님, 이건 좀 다른 얘긴데요. 간혹 매체에 나오셔서 본인들의 선택이 옳았다고 사람들에게 훈계하듯이 이야기하는 대중강사들을 보게 되는데요. 예전에 이분들이 소극장이나 도서관 같은 데서 강의하실 땐 되게 내용이 좋았거든요. 그런데 이분들이 대중의 인기를 얻고 나선 '이건 이렇게 해야 하는 거고, 이렇게 하는 사람은 잘못된 겁니다' 하면서 마치 대중들을 가르치려는 느낌? 철학을 소유하려고 하고, 더 많은 대답을 듣고 싶어 하는 대중들에게 권력으로 군림하려는 일부 철학자들의 태도는 어떻게 받아들여야 할까요?

그게 쉽게 말해서 민주주의시대에 가장 비민주적으로 지적 작업을 펼치는 거예요. 그걸 포괄적으로 보면 문화권력이고, 조금 심하게 얘기하면 지적인 폭군인 거죠. 더 심하게 얘기하면 철학적 살인자들인 거죠. '내가 생각한 이것만이 답이다' 식으로 몰아가는 것은 폭력이죠. 그보다는 다 펼쳐놓고 이것에 대한 장단점, 문화적 배경 등을 얘기해 주면서 왜 그렇게 될 수밖에 없었는지를 쭉 나열해 주는 겁니다. 그런 다음에 개개인이 갖고 있는 지적 능력으로 판단할 수 있는 근거를 열어줘야 하죠. 그게 철학자의 임무입니다.

생각해 보면 예전에는 잘못된 철학자들이 얘기하는 것들을 마냥 믿고 추종하는 기간이 길었잖아요. 그런데 요즘은 "A라는 사람이 한 말이랑 나랑은 안 맞는 것 같아." 하고 맞지 않는 것을 파악하고 돌아서는 사람들이 많아지는 것 같긴 해요. 이것 또한 사람들이 인문학에 관심이 있고 철학에 관심이 있기 때문에 할 수 있게 된 판단 아닌가요?

▲ 그럴 수도 있습니다. 다만 여기서 한 가지 얘기를 하면 결정론적 철학, 결정론적 시각, 이런 것은 오래 가지 못합니다. 그래서 앞에서 얘기했던 소크라테스, 플라톤, 예수, 공자, 맹자 이런 사람들 대부분은 애매모호성과 자기모순성을 갖고 있습니다. 그리고 반드시 인간은 두 가지가 전제가 돼야 합니다. 바로 인간은 망각의 동물이자 실수의 동물이라는 겁니다. 인간은 반드시 망각을 해야 합니다. 그러니까 AI를 따라 갈 수 없는 것이 인간의 필연적 숙명이에요. 인간은 얘기하다 말고 '내가 커피를 먹은 거야 안 먹은 거야?' 하고 까먹습니다. 하지만 인공지능은 까먹지 않습니다. 인간은 반드시 까먹고 난 다음에 다시 지적인 전개를 해야 합니다. 그리고 인간은 반드시 실수를 해야 합니다. 예를 들어서 어떤 사람에게 너무 심한 말을 해서 그 사람에게 마음의 상처를 줬다고 가정해 봅시다. 그래서 심한 말을 한 사람은 다시는 그런 말을 하지 말아야지 하고 마음을 먹게 되는 것이 반성입니다. 리플렉티브(reflective), 성찰이에요. 인간에게는 성찰이 나와야 되는 것입니다.

인간은 많은 실수를 하면서 도덕적 실수마저 저지르게 됩니다. 성폭행, 성추행 문제, 부정부패 많이 나오잖아요. 그런 것들은 앞으로도 절대 없어지지 않습니다. 사람들은 자꾸 부정부패, 부조리 문제가 나오면 다시는 있어서는 안 됩니다, 없어져야 합니다, 하잖아요. 그런데 우리는 뭘 깨달아야 하느냐? 물론 그런 것들이 없어지는 게 가장 좋습니다. 그것은 인간의 바람이요, 이상입니다. 하지만 유감스럽게도 역사를 통해 보면 동서고금을 막론하고 인간세계에서는 반드시 실수가 존재합니다. 그러면 우리에게 중요한 것은 뭐냐? 그것이 없어지지 않는다는 것을 깨닫는 거예요. 그리고 그 다음에 뭘 해야 되느냐? 그것을 최소화 시키는 겁니다. 그 노력이 중요한 것이지, 없어져야 돼? 그런다고 없앨 수 있나요? 그건 아니라는 겁니다.

철학의 쓸모?
인생의 목표에 좌표를 찍는 일

└ 제일 처음에 동양철학을 배우려면 유학, 성리학을 말씀하셨는데 어떤 순서대로 배워야 해요? 공자가 나왔고 맹자가 나왔으니까 그 냥반들 나오신 순서대로 공부하면 될까요?

∧ 공부는 상식적으로 생각하면 돼요. 예를 들어서 동양철학공부를 전문적으로 하는 사람 같으면 "나는 공자중심의 유교를 전공으로 하겠다.", "노자중심의 도가를 전공하겠다." 이렇게 얘기하겠죠. 그런데 우리 책의 주요 독자들, 교양 있는 대한민국의 건강한 청춘남녀노소들, 이 분들에게 있어서는 뭐부터 배워라 할 게 아닙니다. 상식적으로 접근해야 되죠. 상식이 뭐냐면 현재 내게 가장 중요한 게 어디 있는지를 먼저 아는 겁니다. 여기가 어디에요?

ㄴ 대한민국이죠.

ㅅ 맞습니다. 대한민국입니다. 미국이 아니에요, 유럽도 아니죠. 시대
는? 2018년 현재입니다. 여기 이때를 기준으로 해야 합니다. 그러면
대한민국이라는 공간에서 21세기, 2018년이라는 시공간 속에서 우
리의 삶은 어떻게 설정해야 되겠어요? 내 마음속에 십자도를 딱 그
립니다. 그러면 시간과 공간이 나오죠. 여기에 내가 동그라미를 쳐놨
어요. 여기에 내가 서 있습니다. 그러면 내가 오른쪽으로 갈지 왼쪽
으로 갈지 동서남북이 있을 것 아니에요. 사방팔방까지 그려 놓죠.
이게 뭡니까? 좌표입니다. 내가 좌표를 동쪽에 찍을 수도 있고 서쪽
에 찍을 수도 있고 다양합니다. 예를 들어서 이곳은 가족을 생각하는
공간, 저곳은 직장을 생각하는 공간, 여기는 돈 버는 공간, 저기는 여
행하는 공간 등등 다양한 공간이 있을 거 아닙니까. 그러면 내가 가고
자 하는 점을 어디에다 찍느냐에 따라서 내 삶의 지향을 잡는 겁니다.

ㄴ 아하!!

ㅅ 그러면 '나는 유교중심으로 살아간다, 도교중심으로 살아간다, 불교
중심으로 살아간다'는 게 별 의미가 없죠. 그러니까 뭐 부터 공부해
야 한다는 게 아니라 내 삶의 좌표를 어디에다 찍어야 될까가 중요한
거죠. 다른 말로 '나는 지금 어디에 있나' 요즘 유행하는 말로 '시방

"지금, 당신에게
중요한 것은 무엇인가?"

자기실현　도덕　　　정치

신앙　　　　　　윤리　대한민국

　일　명예

헌신　　　　　2018년　합목적성

소망　　　　　　돈

연애　분노　직장　독립

원망　　　　　　교육　가족

자기 완성

복수　　　　　　　　　사랑

미움　여행

인생의 좌표를 찍으셨나요?

뭣이 중헌디?'가 내 속에 있어야 한다는 겁니다.

└ 어머…… '교슈님'…… 저는……. 한 번도 그것에 대해 생각해 본 적이 없네요. 정말로.

∧ 그러니까 중요한 게 자신만의 좌표를 찍어놓는 거지요. 좌표를 찍어놓지 않으면 그때그때 달라요. 오늘 만약에 맹 주간하고 나하고 부모에 대한 얘기하면 "아, 맞다." 그리고 누가 "너 요새 돈 많이 벌었어?" 하면 "아 돈!" 이렇게 왔다 갔다 할 수 있단 말이에요.
그러면 어떻게 해야 되겠어요? '여기 이때'에서 내가 가야 할 좌표를 찍어놔야 하는 겁니다.

└ 교수님 말씀대로 인생좌표를 그리면 정말 사람마다 중요하게 생각하는 것이 다 다르겠지요. 돈을 중시하는 사람은 돈이 좌표의 중심에 있을 거고, 가족이 중심에 있는 사람도 있을 거고……. 앎이, 명예가 중요한 사람도 있겠고요. 중요한 것을 무엇으로 삼든지 상관없겠지요?

∧ 당연하죠. 그런데 한 개체로서 한 인간이 모든 것을 다 할 수는 없습니다. 옛날에 공자, 맹자가 활동하던 시대에는 그렇게 사회가 복잡하지 않았기 때문에 여러 가지를 한꺼번에 할 수가 있었어요. 그래서

옛날에는 만물박사가 있을 수 있었죠.

그런데 지금은 시대가 아주 복잡해졌잖아요. 돈을 추구하는 사람은 경제학 박사가 돼서 경제 쪽으로 관심이 많은 사람이고, 출판을 추구하는 사람은 문화인문학 박사가 돼서 글 쪽으로 관심이 많은 사람이고, 교육에 관한 공부를 많이 한 사람은 교육학 박사가 돼서 교육 쪽에 관심이 많은 사람 식으로 전문화가 되죠.

┗ 사회가 복잡화 되니 점점 더 세분화가 되고, 분업화가 되는군요?

∧ 시대가 내려오면 올수록 분업화가 됩니다. 분업화가 되면 인간은 뭘해야 하느냐? 협력을 해야 합니다. 연대를 해야 되요. 같이 결합해서 가야죠. 그러니까 오늘날, 지금 시대에 맞는 덕목이 필요하게 됩니다. 공자시대부터 덕목이 막 나타나게 됩니다. 인이다, 의다, 도다 막 나오거든요. 개념어가 풍부해진다는 것은 그만큼 복잡해지고 전문화과정을 거쳐야 한다는 뜻이에요.

┗ 근데 지향점이, 그러니까 말도 안 되는 것을 중심좌표로 두는 사람들은 어떻게 해야 돼요?

∧ 남 작가 말씀처럼 요즘엔 정말 말도 안 되는 데 삶의 목표를 잡은 사람들도 꽤 많은 것 같아요. 그런데 그렇게 말도 안 되는 걸 자꾸 지향

할 때는 그 자체에 뭐가 있는지를 봐야죠. '내 속에 욕망이 있는 거냐 아니면 진짜 자기가 하고 싶은 거냐?'를 곰곰이 따져봐야죠. 욕망은 내가 하기 싫어도 뭐가 더 보이는 겁니다. 나의 능력과 무관하게 출세하고 싶은 마음, 이런 것도 욕망이죠. 따라서 자신이 진짜 하고 싶은 것이 뭔지를 잘 따져봐야 하는 거죠. 정말 지혜로운 사람은 욕망을 버릴 줄 아는 용기를 기르는 사람입니다.

너 자신을 알고
자신을 탐구하라

L 요즘 친구들 보면 내가 뭘 좋아하는지도 모르겠다는 사람이 많아요.

ᐱ 그런 사람들일수록 자신의 본성을 빨리 파악해야죠.

L 본성이라는 것은 부모에게서 타고난 건가요? 아니면 성장하면서 본인이 갖추게 된 무엇인가요?

ᐱ 그게 유학의 본질입니다. 유학의 사서(四書), 그러니까 『대학』, 『논어』, 『맹자』, 『중용』 가운데 『중용』은 인간의 본성을 구명하는 것을 시작으로 하여 유학의 핵심을 일러주는 저술입니다. 주요 내용은 자연의 질서에 따라 타고난 것이 인간의 품성이고 그 품성을 따르는 것이 인간의 길이며 이 길이 지속돼 인간사회의 문화 제도를 만든다고

했습니다. 그리고 군자는 이치와 도리에 딱 들어맞는 호응을 통해 우주자연과 인간사회의 기본 질서를 유지하고, 저마다의 삶을 완수하는 것이라고 하였습니다.[2]

『중용』「경문」 첫 번째 구절에 "천명지위성(天命之謂性)"이라는 말이 있어요. 이 말이 유학에서 자연(하늘)과 인간의 관계를 일러주는 동시에 우리의 본성을 상징하는 구절입니다. 그것은 쉽게 표현하면 "하늘이 명령한 것이 인간의 본성"이라는 말입니다. '천명=본성'이지만, 그 사이 세계에 미묘한 철학적 뉘앙스가 있어요. 얼핏 보기에, 형식적으로는 하늘이 인간을 비롯한 만물에게 명령을 내려 본성을 부여한 듯하지만 상호 주체의 측면에서 보면 서로가 나름대로의 특성을 지니고 있습니다. 여기에서 "명령(命)은 하늘이 준 것이고 본성(性)은 인간이 받은 것"입니다. 즉, 명령과 본성은 주고받은 차원에서 하나의 이치입니다. 하늘이 만물에게 주는 측면에서는 명령이고 사람과 물건이 받는 측면에서는 본성이지요. 이 중에서도 중요하게 고민해야 할 부분은 인간의 본성입니다. 유학에서 그것은 맹자의 '성선(性善)'을 말합니다. 다시 말하면 우리 모두는 착한 본성을 부여받고 타고났어요.

ㄴ 천명지위성? '하늘이 명령한 것이 인간의 본성이다'라는 말이 무슨 뜻인가요?

ㅅ 부모로부터 나고 받은 것을 천명이라고 해요, 부모가 나에게 준 것.

요새말로 생물학적으로 얘기하면 타고난 DNA. DNA를 부모님이 줘서 내가 받았잖아요. (그렇죠) 부모가 준 것을 명(命)이라고 해요. 목숨 명 자. 내가 받은 것을 성(性)이라고 하고요. 본성. 부모는 나에게 목숨을 줬어요. 그러면 나는 뭘 타고났어요? 나는 본성을 타고났죠. 품성이나 본성을 타고난 겁니다.

ㄴ 아니~~ 내 본성이 어떤 것인지를 알아야 나한테 딱 맞는 꿈을 찾겠네요.

ㅅ 그렇죠. 내가 본성을 타고났잖아요. 예를 들어서 M은 성격이 부리부리하게 타고났어. N은 아주 얌전하게 타고났어. K는 이것도 아니고 저것도 아니야. S는 맹한 걸 타고났어. 다 다르죠. 모든 사람의 본성은 다 다릅니다. 유사성은 있을 수 있어요. 그러나 따지고 보면 지구에 70억의 본성이 있으면 70억이 다 다릅니다.

어쨌든 간에 사람들은 다 제각각의 본성을 타고났어요. 그런데 예를 들어서 M이 우락부락하게 태어났어요. 근데 자기가 본성을 파악을 못하고 있어요. 자기가 얌전한 사람인 줄 아는 겁니다. 본성대로라면 자기가 활달한 것을 발휘를 해야 할 거 아닙니까. 그런데 얌전한 줄 아니까 발휘를 못하는 거죠. 거기에서 나오는 게 '난 안 돼'라든가 '이 것 해서 뭐 가치 있겠어?' 하고 회의를 하게 되는 거죠. 그게 내가 아까 얘기했던 망각과 실수에요.

└ 부모님에게서 내가 받은 것을 본성이라고 하고 그 본성이 타고나는 거라면, 부모님들이 자식들의 제일 좋은 장점을 알 거 아니에요? 아니면 역으로 부모님을 보면서, '아, 이런 거는 내가 타고났겠구나' 하고 추측하면 그게 정답인 거 아닌가요?

∧ 그게 미스터리죠. 우리가 흔히 보면 부모는 자신의 몸으로 낳고 길렀으니까 가장 잘 안다고 생각하지만 전혀 다를 수가 있죠. 본인이 자기를 가장 잘 안다고 생각할 수 있지만 그것이 전혀 아닐 수도 있죠. 그러다 보니까 유학은 평생 거기에 매달리는 겁니다. 쉽게 말해서 영어로 "Who am I?", "나는 누구인가?"를 연구하는 거죠. 그건 죽을 때까지 파악해도 파악을 못할 수가 있죠.

└ 그러면 유교에서 말하는 공부하는 이유는 결과적으로 내 '꼬라지'를 알기 위해서네요?

∧ 그렇죠. 그게 뭐냐면 서양식 교육용어로 하면 자아성찰이고 유교에서는 수양이죠. 수기치인(修己治人)! 자기를 반성하는 것을 반구저기(反求諸己)라고 합니다. 반구저기라는 말은 '돌이켜서 자기에게서 구하라'라는 뜻입니다. 저(諸) 자는 여러분 할 때 제(諸) 자인데 여기서는 '저'로 읽어요.

ㄴ 나에 대한 탐구는 동양과 서양이 약간 다른 것 같아요. 서양은 내면
보다는 외향적 관계를 더 중요하게 생각하는 반면에 동양은 내 안에
서 내 역할을 충실히 해서 살아라. 이런 거잖아요.

ᐱ 얘기가 나왔으니까 우리가 추구하는 삶의 목적, 교육의 목적이 뭘까요?

ㄴ 자아실현!

ᐱ 네, 맞습니다. 그런데 남 선생은 자아실현 하면 뭐가 떠올라요?

ㄴ 꿈을 이루는 것?

ᐱ 꿈을 이룬다는 걸 동양적으로 해석하면 완벽한 자기에 도달하는 거
라고도 할 수 있죠. 한마디로 얘기하면 완벽한 자기, 최고의 나를 만
드는 것, 나를 최고로 성숙시키고 성장시키는 것을 자아실현이라고
할 수 있어요.

그런데 그건 개인에 국한되는 문제로 끝납니다. 우리가 자아실현이
라고 했을 때는 개체의 발달입니다. 그런데 인간이라는 것은 나만 있
습니까? 친구도 있고 부모도 있고 관계되는 사람들이 많이 있죠. 그
러니까 우리가 중고등학교 때부터 대학교 때까지 끊임없이 삶의 목
적이나 지향이 자아실현이라고 얘기했던 것이 사실은 반도 얘기 못

했다고 볼 수 있습니다. 거기서 중요한 게 빠졌는데 바로 사회적 자아가 빠진 거예요.

└ 아니, 자아실현이 개인편과 단체, 국가편이 따로 있었나요?

∧ 네, 동양에서는 자신과 함께 사회적 실현을 중요시했습니다. 유교는 수기치인(修己治人)이라고 합니다. 수기가 자아실현에 해당된다면 치인이라는 게 따라가야 합니다. 다른 사람과의 관계도 고려해서 실현해야 하는 거죠. 그것이 공적 자아입니다. 유교는 그것에 목적을 두고 있죠. 자아실현은 공적인 것을 실현하기 위한 바탕이에요. 우리는 지금까지 끊임없이 자아실현을 서구적 관점에서 나라는 개체의 발달로만 이해해 왔어요. 예를 들어서 내 손가락이 지금 5센티미터 밖에 안 돼, 20년이 지나면 이게 10센티미터로 커, 이거만 얘기했지, 이게 커서 뭐하게? '뭣이 중헌디' 이 얘기를 아무도 안 한 겁니다. 동양철학은 공적 자아의 성장까지 얘기하고 있습니다. 앞서 제가 철학은 풍토에서 나온다고 했잖아요. 벼농사할 때 혼자 합니까? 같이 하죠. 이미 거기서 답은 나와 있습니다. 반찬이 한 가지입니까? 여러 가지잖아요. 그런 데서 다 나오는 거예요.

└ 벼농사를 짓는 것은…… 귀한 일이지만, 정작 귀한 대접을 못 받는다는 생각이……. 드는데요.

▲ 유교에서는 정치인들은 농사를 안 짓습니다. 농사는 농부들이 지어요. 그러면 정치인들은 뭘 하느냐? 달력 같은 것을 만들어서 농사짓는 사람들을 정신적으로 끌어줘야 합니다. 이것이 동양사회에서의 분업론(分業論)입니다.[3] 이 분업에 관한 내용이 『맹자』「등문공(滕文公)」 상에 자세하게 나와요. 이런 걸 고민해야 고전이 전통으로 살아나오고 고대와 현대가 소통이 돼요.

『맹자』에는 인간의 본분에 대한 언급이 여러 차례 강조됩니다. 그 중에서도 노심자(勞心者)와 노력자(勞力者)의 역할 분담, 혹은 협력적 상생관계가 정치경제의 원리로 매우 중시돼요. "지도자가 없으면 들에서 일하는 민중을 다스릴 수 없고, 들에서 생산하는 민중이 없으면 지도자를 먹여 살릴 수 없다."는 논리 말입니다. 지도자는 정치가로서 다스림을 본분으로 하고, 민중은 생산을 본분으로 합니다. 정치 지도자는 농사를 잘 지을 수 있는 환경을 조성해 줘야 하는 책무성을 지니고 있어요. 그 대가로 민중으로부터 생산물을 공급 받습니다. 민중은 다스림을 받는 대신 생산물을 공급하지요. 이는 지배 – 피지배 관계이기도 하지만, 어디까지나 상생하려는 협력의 관계로 보는 것이 타당합니다.

┗ 실질을 따지는 서양에서는 공적인 것보다는 자기중심적으로 살아라, 뭐 이런 사상이 더 팽배하지 않나요?

맹자의 분업론

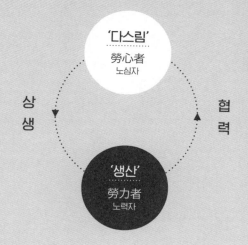

"지도자가 없으면 들에서 일하는 민중을 다스릴 수 없고,
들에서 생산하는 민중이 없으면 지도자를 먹여 살릴 수 없다."

▲ 서양사상에는 공적인 사상이 없느냐? 그건 아닙니다. 우리보다 더 효
   도개념이 강한 나라도 있습니다. 그런데 일반적으로 서양철학, 동양
   철학이라고 했을 때 형이상학, 인식론, 가치론 이런 차원에서 볼 때
   동양 쪽이 공적 사상이 강하다고 느끼고, 서양은 자아실현개념으로
   많이 갔죠.

제2장

어떻게 살아야
잘사는 건가요?

원형이정,
시작과 끝은 무한반복한다

┗   교수님, 우리가 동양철학이다 서양철학이다 할 때 두 사상의 차이는
근본적으로 어디에서 비롯된 것일까요?

▲   동양은 자연의 질서세계에 있습니다. 자연의 질서를 완벽하게 인간
에게로 끌어들인 게 동양입니다. 동양사상과 서양사상이 결정적으로
다른 것은 자연을 바라보는 태도에 있습니다. 동양의 사상은 있는 것,
존재 자체에 대해서 인정을 하는 반면에 서양의 사상은 자연의 상태
를 극복해 인간이 바라는 뭔가를 이뤄내야 하는 겁니다. 서양사상의
차이점에 대해서는 뒤에서 좀 더 구체적으로 논의하기로 하고요. 우
리가 집중적으로 살펴볼 동양사상에서는 자연 그대로 있는 상태를
수긍을 해야 됩니다. 예를 들어서 자연을 보면 산이 높은 데서 사는
사람이 있고, 바닷가에 사는 사람이 있어요. 그러면 내가 자연에 던져

져서 살고 있어요. 그럼 산에서 어떻게 살 거냐? 바닷가에서 어떻게 살 거냐?

ㄴ 적응해서 살아야지요. 바다에 산다면 작살로 물고기 잡으면서…….

∧ 그렇죠. 적응해서 살아야 하는 거죠. 그게 어댑터(adapter)입니다. 적응해서 사는데, 어떻게 살아갈 것인가? 자연에서 어떻게 살아갈 것인가의 문제가 동양 사람들이 추구했던 철학의 태도입니다. 그러니까 어떻게 해야 하느냐? 자연의 질서에 순응해야 되요. 그러기 위해서는 자연의 질서를 잘 파악해야 됩니다.

ㄴ 뭐, 그럼 자연의 질서에 맞게 살 수 있게 '나 사용설명서' 같은 것들이 매뉴얼로 나와 있기라도 한가요?

∧ 물론 그런 지침을 담은 고전이 있습니다. 예를 들어서 봄이면 따뜻하고, 여름이면 덥고, 가을이면 선선해지고, 겨울이면 춥잖아요. 그때마다 옷이 어때야 되겠어요? (달라야겠죠) 그렇죠. 달라져야겠죠. 그처럼 봄에는 뭘 해야겠다, 여름이면, 가을, 겨울이면, 딱 답이 나오잖아요. 그것이 공식적으로 정치제도, 사회제도, 일반적인 생활풍습에 모두 반영이 됩니다. 주나라의 제도를 잘 일러주는 『주례』[4]에도 보면 자연의 큰 틀인 하늘과 땅, 그리고 사계절인 봄 여름 가을 겨울에 맞추어

서 제도를 정비하곤 했습니다. 재미있게 얘기하면 감방을 다스리는 사람, 법을 다스리는 사람은 싸늘합니까, 따뜻합니까?

┗ 싸늘해요. 피도 눈물도 없이 싸늘……. 감정 없는, 그런 직업이어야 한다고 봐야죠.

▲ 그렇지. 그럼 춘관에 해당되겠어요? 동관에 해당되겠어요?

┗ 동관이요. (잠시 생각한 뒤 무언가를 깨달음) 어머어머! 우와!!! 그럼!! 그런 방식으로 사계절을 직위로 나눈 건가요?

▲ 그렇죠. 『주례』에 보면 관직들이 자세히 나와 있어요. 예를 들어서 남에게 베풀어주는 어떤 관직을 갖고 있다, 요새말로 하면 복지, 관광 이런 쪽에 근무를 하고 있다면 이런 사람들은 베풀고 보듬고 생명력이 북돋는 느낌이잖아요. 그러니까 봄 여름에 적합한 관직에 해당하겠지요. 『주역』에선 원형이정(元亨利貞)을 사물의 근본 원리로 봅니다. 만약 4권으로 책을 낸다고 하면 일 권은 원, 이 권은 형, 삼 권은 이, 사 권은 정 이렇게 됩니다. 원형이정이 뭐냐면 봄, 여름, 가을, 겨울에 해당하면 됩니다. 인간도 자연의 원리에 따라서 가는 겁니다.

┗ 오올~ 이런 거 넘나 재밌는 거!!!~ 그럼 교수님, 사계절별로 한번 알

아봐요.

▲ 봄에는 원기가 왕성하니까 막 샘이 솟아오르죠. 원기가 왕성할 때 말하는 원은 으뜸 원(元亨) 자입니다. 으뜸 원이니까 시작 원이죠. 그러니까 봄은 모든 계절의 시작인 원입니다. 원형(元亨) 하면 형통한단 말입니다. 만사형통 하면 잘돼 간다는 말이죠. 원은 식물의 경우엔 싹이 조금씩 올라옵니다. 그러면 여름에는? 무성하게 자라죠. 가을에는? 꽃이 피고 열매가 맺지. 그건 이(利)거든요. 이니까 이익(利益)이 생긴다는 겁니다. 겨울에는? 이파리가 다 떨어지죠. 그런데 그걸 서양식으로 생각하면 잘못 생각하는 겁니다. 겨울이면 옷을 벗었다, 춥다 뭐 이러잖아요. 그런데 동양식 사고로는 그렇지 않습니다. 동양에서는 겨울이 되면 오히려 일 년 동안 무성하게 자라서 열매를 맺었던 만큼 더 단단하게 돼 있는 거죠. 그리고 겨울이 되면 다시 내년 봄을 준비해야 하잖아요. 그걸 바로 정(貞)이라고 합니다. 그걸 곧고 바르다고 합니다. 왜? 다시 시작함을 준비하는 거니까. 그런데 사람들은 봄에는 좋다고 마구 들떠 있고 겨울에는 푹 죽어서 조용히 지낸다고 하는데, 그게 아니죠. 오히려 겨울은 땅 밑에서 싹이 터오려면 밑에서 움이 준비하고 있는 겁니다. 그래서 싹이 올라올 때는 그게 정형(貞刑)이 되요. 싹이 가만히 그냥 올라온다고 생각하지만 싹이 올라오고 나무에 움이 틀 때는 열이 난다고 봅니다. 우리가 막 말을 하고 열 받으면 온도가 높아지잖아요. 40도까지 올라간다고 합니다.

ㄴ　어마어마하네요.

ㅅ　우리 동양에서는 그런 논리를 가지고서 자연의 세계를 형상화했습니다. 따라서 계절마다 뭘 하는 게 다 정해져 있습니다.

ㄴ　자연의 원리를 인간세계로 끌어들인 거네요.

ㅅ　그리고 인간도 자연의 원리에 따라서 갑니다.
　　자연을 보통 하늘 천(天) 자를 써서 천이라고 해요. 그리고 사람은 사람 인(人)을 써서 인이라고 하죠. 그래서 자연의 세계와 인간의 세계를 일치시키려는 노력, 그걸 천인합일(天人合一)이라고 해요. 그 천인합일사상이 공자부터 한나라 때 쭉 내려온 유교사상에 딱 있습니다. 그러니까 자연의 세계를 보면 우리가 지금은 겨울이 돼도 난방기를 사용하니까 잘 못 느끼지만, 나처럼 완전 시골출신들은 봄 여름 가을 겨울이 되면 자연의 변화를 명확하게 인식을 하고 거기에 따라서 어떻게 대처해야 하는지가 딱 나옵니다. 농사짓는 것도 그렇고, 놀이도 그렇고, 정치상황도 그렇고 다 자연의 원리를 따라가는 겁니다.

ㄴ　그런데 지금은 동양고전에서 얘기하는 자연의 세계가 아니고, 과학기술문명이 발달한 시대잖아요.

∧ 그렇죠. 인간이 자연의 세계에 적응을 해야 하는 농경사회를 지나 산업혁명 이후 과학기술문명시대로 왔잖아요. 이 사회는 자연의 질서에 부합하고 적응하는 것이 아니고 자연의 질서로부터 벗어나서 무언가를 만들어야 하는 사회에요. 화장하는 것을 뭐라고 해요?

∟ 메이크업이요.

∧ 그렇죠. 메이크(make)해서 업(up) 시키는 겁니다. 꾸며가지고 나를 최대한 확 끌어올리는 것을 메이크업이라고 하잖아요. 따라서 지금은 메이크업의 시대입니다. 과학기술문명사회는 사회 패러다임이 바뀌었기 때문에 내가 나를 재창조해서 내 인생을 만드는 시대입니다.

∟ 교수님, 그렇다면 과거 사회는 나를 재창조하는 시대가 아니니까 메이크로 따지면 메이크다운(make down) 시대겠네요. 과거 동양사회에선 사람들의 관계가 지금처럼 변화무쌍하게 바뀌진 않았지요?

∧ 예전 동양사회에서는 인간관계를 이루는 것도 봄과 여름과 가을과 겨울, 계절에 따라서, 원형이정에 따라서, 시작과 끝에 따라서 인간관계의 시작과 맺음도 차근차근 잘해 가야 하는 거죠. 그럼 봄에는 어떻게 인간관계를 맺어야 되죠?

ㄴ   따뜻하게 사람을 사귀어야죠. 음⋯⋯. 내 왼팔 오른팔이 될 사람을 심
      는다?ㅋ.

ㅅ   그렇죠. 씨앗을 심어야 하죠. 봄에는 씨앗을 뿌려야 됩니다.

ㄴ   아하.

ㅅ   그런데 이제 처음으로 개그맨 된 풋내기 주제에 뭔가 거두려고 하는
      존재들이 많아요. 성질이 급해서. 근데 아니죠. 지금은 뭐냐면 쭉 뿌
      려야 됩니다. 그러니까 겨울에는 뭘 준비를 해야 할까요?

ㄴ   씨앗을 맺으려는 준비를 해야 하나요?

ㅅ   그렇죠. 씨앗을 준비를 해야죠. 그러니까 그 준비하는 기간, 그것이
      이런 식으로 계속 도는 겁니다. 이걸 생각을 잘 해야 돼요. 그런데 지
      금 사람들은 서구의식에 물들어서 시작하면 저 앞으로만 간다고 생
      각합니다. 그 전 것은 생각을 안 하죠.
      동양은 안 그렇습니다. 항상 시작했던 곳을 다시 돌아봅니다. 동양은
      반본의식(反本意識, 자신의 근본을 되돌아본다는 인식)인 거예요. 이전의
      내가 뭘 했나 돌아보는 거예요. 그래서 인간관계를 시작할 때는 씨앗
      을 뿌리는 단계라고 보면 됩니다.

ㄴ 공을 많이 들여야겠네요. 그리고 씨앗 뿌리는 단계부터 수확하려고 하면 안 되니까. 첫 술에 배 부르려고 욕심내도 이치에 맞지 않는 것이겠고요.

ㅅ 그렇죠.

ㄴ 봄은 봄대로, 여름은 여름대로, 가을 겨울은 다 그 나름대로 준비하는 시간들과 합당한 과정들을 거치는 거잖아요. 순환적 관점에서 보았을 때 안 좋은 계절은 하나도 없네요. 그런데도 사람들은 겨울에 태어났다고 말하면 "너는 몸이 냉하다.", "너는 차갑다." 아니면 "냉정하다." 이렇게 계절과 성격을 연결시켜 말하려고 하잖아요. 이런 판단들은 어떻게 봐야 할까요?

ㅅ 동양적 순환사관의 관점에서 보면 남 작가가 얘기한 것은 한쪽 면만을 본 것이라고 생각합니다. 역학(易學)에서 보면 인간관계는 음양론(陰陽論)입니다. 하루가 있으면 음(陰)과 양(陽)이라는 것은 딱 반으로 가르는 것은 아니지만, 절반 정도 됩니다. 이 세상의 반은 남자, 반은 여자 하듯이, 하루에도 낮과 밤이 있잖아요. 근데 우리는 낮에 주로 활동을 하기 때문에 낮을 주로 생각하기가 쉬워요. 밤엔 잠을 자야 하니까 별 의미 없는 걸로 생각하곤 합니다. 그런데 그게 아니라 낮에 활동하기 위해서는 에너지를 축적해야 합니다. 그게 밤에 축적

하는 거예요. 잠 잘 때 피곤해서 그냥 잔다고 생각하지만, 잠을 자면서 무엇을 하느냐?

└ 내일 쓸 기력을 보충하지요.

∧ 그것을 철학적 용어로 야기(夜氣)라고 합니다.

└ 야기!!

∧ 밤 야(夜) 자 기운 기(氣) 자를 써서 야기. 야기를 쫙 몸에 집어넣는 거예요. '야기를 기른다'는 건 『맹자』「고자」상⁵⁾에 나오는 말이에요. 야기를 길러야 낮에 활동을 하죠. 그래서 하루에도 음에 속하는 밤과 양에 속하는 낮이 동시에 있잖아요. 그것과 마찬가지로 어떤 사람이 겨울에 태어났어. 그런데 그것을 사주팔자를 보고서 "넌 겨울에 태어났으니까 냉정한 성격을 갖고 있어, 너는 차가워." 이렇게 얘기할 순 있죠. 그런데 하루에도 낮과 밤이 공존하죠. 겨울이면 차가운 것만 있겠어요? 따뜻한 것도 있겠죠. (대신에 겨울의 따뜻함은 봄이나 여름만큼 덥거나 따뜻하지는 않습니다.) 분명히 차가운 만큼 따뜻한 것이 절반 정도 같이 있는 겁니다. 그래서 겨울에 태어난 남 작가는 오히려 은은하게 따뜻한 겁니다. 그게 여름의 뜨거움보다 더 나을 수가 있죠. 그러니까 "난 겨울에 태어나서 차가워." 이렇게 단정지을 수는 없다는 거죠. 봄

여름 가을 겨울 어느 때 태어나도 다 의미가 있습니다. 그런데 그 의미는 차이가 있다고 보는 게 동양식 사고입니다.

ㄴ 교수님, 그런데 중국에서는 음양을 전문적으로 공부한 사람도 있다면서요?

ㅅ 음양가(陰陽家)는 중국의 전국시대 제자백가 가운데 한 분파입니다. 이들은 음양설(陰陽說)을 신봉했습니다. 음양(陰陽)은 해가 비추거나 비추지 않는 자연현상을 가리키는 말이었어요. 양은 햇볕이 드는 것, 낮, 또는 해를 향하는 것 등을 의미하고, 음은 햇볕이 들지 않는 것, 밤, 또는 해를 등지는 것 등을 의미합니다. 그러니까 음과 양의 최초의 뜻은 철학적 의미가 없는 자연적 개념이었어요. 이 자연적 특성을 응용하여 천체의 운행이나 사계절의 변화 등 자연의 법칙을 합리적으로 설명하려고 했습니다.

ㄴ 아니, 그럼 과학자였네요. 그런데 어쩌다가 동양철학관을 운영하시는 분들과 같이 엮이게 된 거지요?

ㅅ 나중에 인간사와 관련시켜 인간생활도 이런 자연현상이나 법칙을 따르지 않으면 재해(災害)를 입거나 화를 당할 수 있다는 등 미신적 요소가 강한 것으로 바뀝니다. 천문(天文)과 역학(曆學)을 연구하는 사

람들의 집단을 음양가(陰陽家)라고 했고, 음양오행설(陰陽五行說)에 의거하여 인간의 길흉화복(吉凶禍福)을 판단하는 음양술사들이 등장 했어요. 음양가라고 할 때 흔히 이 음양술사를 의미하는 경우가 많습 니다. 유학은 이런 음양가에 비해, 상당히 합리적이고, 인간사회를 예 의 규범과 노력에 의해 가꾸어 가려는 사상적 신념을 지닌 철학이므 로, 그런 음양가들을 썩 긍정적으로 바라보지는 않았습니다.

자연의 질서에 맞게
'욕망'하면 돼!

ㄴ 봄 여름 가을 겨울 언제 태어났건 다 의미가 있다? 아, 왠지 누군가 다독거려주는 그런 느낌인데요……? 희한해요. 따뜻함과 차가운 것이 공존해요. 그런데 그걸 알면서도 타로나 점성술 보다가 간혹 좋은 얘기 나쁜 얘기 동시에 들으면 나쁜 평가가 머릿속에 더 오랫동안 남는 건 왜 그런 거죠?

ㅅ 그게 바로 인간의 욕망 때문에 그렇게 남는 겁니다. 동양철학에서는 인간에게 있어서 가장 경계해야 할 것 중의 하나로 욕망을 지목합니다. 여기서 우리가 구분해야 할 것 중의 하나가 '욕망'과 '욕구'입니다. 인간에게는 기본적으로 욕(欲)이라는 것이 있습니다. 그것이 하고자할 욕(欲) 자인데 그걸 구분을 잘 해야 되요. 욕망은 '욕심'과 비슷한 말입니다. 영어로 말하면 욕망은 '데자이어(desire)'라 하고 욕구는

'니즈(needs)'라고 합니다. 욕구는 필요한 겁니다. 『맹자』와 『순자』에도 나오는 말이죠.

┗ 욕망이랑 욕구는 어떻게 구별할 수 있는데요?

∧ 욕구는 '필요'한 겁니다. 욕구는 내가 어떤 일을 하다가, 혹은 어떤 행동을 하다가 그때그때 필요한 거예요. 그때그때 필요한 것은 사안이 발생해야 생깁니다. 후천적인 거예요. 그러니까 선천적인 것과 후천적인 것을 구분을 해야 됩니다. 나중에 우리가 '본성론(本性論)' 같은 걸 따질 텐데, "인간에게 본성이란 뭐냐?" 이런 말이 나오거든요. 욕구는 후천적으로 인간에게 요청한 거예요. 그런데 욕망은 선천적으로, 근원적으로 인간에게 내재되어 있는 하고자 하는 겁니다. 그런데 근원적으로 내재되어 있는 욕망은 컨트롤 할 수가 없어요. 하지만 욕구는 컨트롤 할 수 있지요.

예를 들어서 오늘 우리 셋이 만났는데 커피가 마시고 싶다. 그럼 커피가 필요해서 사 왔어요. 그럼 욕구는? 니즈는 해결이 돼. 왜? 커피를 마셨으니까. 커피를 마셨기 때문에 누가 커피를 열 잔을 가져와서 "무료입니다." 해도 우리는 안 먹죠. 왜 욕구가 해결됐으니까. 그런데 욕망은 그렇지 않은 거죠. 욕망은 인간 마음속에 근원적으로 잠재되어 있기 때문에 끊임없이 미끄러져 갑니다. 예를 들어서 내가 커피 한잔을 먹었어. 그런데 눈을 돌려보니까 옆에서 쟤는 몸에 좋은 주스를 마시고 있네. 그걸 본 순간 주스가 먹고 싶어. 그러니까 마시는 것 자체에 대해서 욕구는 내가 마셨으니까 끝났어. 해결이 됐어요. 그런데 욕망은? 마시는데 '저기에 더 좋은 것이 있다고?' 하면서 또 저것도 마시고 싶다는 욕심이 생기는 거죠. 이렇게 끊임없이 욕망은 미끄러져서 늪으로 따라가요.

욕망을 경계하는 것이 동양학에서 의(義)와 이(利)의 논쟁입니다. 정의할 때 의(義)와 이익할 때 '리(利)'. 그 의와 리의 논쟁이 일어납니다. 그런데 우리가 이익을 추구하지 않고 살 수 있어요? 없잖아요. 그런데 동양철학에서 얘기하는 것처럼 지나치게 하지 말고 의에 맞게 하라는 거죠. 그것을 철학적 용어로 '존천리 알인욕(存天理 遏人慾)' 혹은 '존천리 거인욕(存天理 去人慾)'이라고 합니다. 천리를 지키고, 천리를 보존하라. 봄 여름 가을 겨울의 질서에 맞게 하는 것이 천리입니다. 천리를 보존해라, 그게 존천리에요. 그리고 인욕, 사람의 욕망을 없애라, '자제하라, 절제하라'는 것이 알인욕 혹은 거인욕이에요. 존천리 거인욕이라는 것이 의와 리의 핵심 해법이에요.

L 그러면 봄 여름 가을 겨울을 자연 그대로 잘 살려면, 쉽게 생각해서 1월부터 12월까지 월력에 맞춰 살면 되는 거네요?

∧ 월과 날마다 해야 될 일들이 다 있죠. 그래서 『예기』의 「월령(月令)」에 일 년에 해야 할 일들이 자세히 기록돼 있습니다. 「월령」의 각 편

을 보면 봄, 여름, 가을, 겨울로 나누어져 있어요. 봄은 다시 맹춘(孟春), 중춘(仲春), 계춘(季春)으로 나누어져 있는데, 이것이 1월, 2월, 3월에 해당합니다. 여름도 맹하(孟夏), 중하(仲夏), 계하(季夏)로 나누어지고, 이것이 4, 5, 6월입니다. 가을, 겨울도 마찬가지입니다. 그래서 12월을 형성합니다. 월마다 해야 될 것이 있고, 세부적으로 들어가면 하루하루에 해야 될 것이 다 있습니다. 월이라는 게 달이잖아요. 달은 초승달부터 보름달까지 있습니다. 그러면 보름달에서 뭘로 가죠?

ㄴ　……음, 덜…… 보름다알?…… 음……. 초, 초승달?

ᐱ　초승달이 떠서 보름달로 가고 보름달이 다시 그믐달로 가죠.

ㄴ　아, 그믐달이었군요.

ᐱ　그리고 이 그믐달이 다시 초승달이 되고요. 그런데 두 단계가 결정적으로 다른 것이 있어요. 초승달에서 보름달이 되는 이 지점은 업(up)되는 거고, 보름달에서 그믐달로 가는 이 지점은 다운(down)되는 겁니다. 또 그믐달이 지나면 다시 업 되고 하죠. 그런데 그렇게 업 되고 다운 되는 계기가 있잖습니까. 이걸 『예기』에서는 절(節)이라고 합니다. 마디 절(節) 자를 써서 절. 그래서 우리가 보통 계절 할 때도 이 절 자를 쓰고, 절기 할 때도 전부 다 마디를 뜻하는 이 한자를 써요. 이

節

마디 절

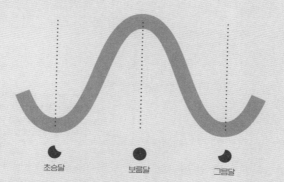

초승달	보름달	그믐달

마음과 우주의 리듬이 곧 절기다.

봄 여름 가을 겨울의 리듬이 곧 자연이다.

절기는 현대인에게 자연의 생체리듬에 맞게 살아가는 방법을 알려준다.

마디가 보름마다 한 번씩 돌아오죠. 이걸 표로 나타내면 이렇게 파동이 생기죠. 이 부분은 높지만, 좀 지나면 낮아지죠. 그렇게 높고 낮음을 반복하죠. 그런데 앞부분의 높은 것하고 뒷부분의 높은 것은 '높다'는 것은 같지만 위치가 다르죠. 위치가 다르니까, 절기에 따라 가는 거죠. 시간의 뭐든지 다 이렇게 높고 낮은 절기로 흘러갑니다. 하루에도 절기가 있습니다. 아침이 있고 저녁이 있고 정오가 있고 자정이 있죠. 그것을 세분하고 세분하면 물리학과 통하게 됩니다. 이런 식으로 파동이 계속 일어나면 일정한 주기가 나오죠, 동양 고대에 살았던 사람들은 그 질서를 본받으려고 노력했습니다. 왕들은 그 질서를 통해서 제도를 구성하려고 했어요.

ㄴ 오오! 옛날 사람들이 생각보다 현명했네요.

ㅅ 그 시대 사람들이 자연의 원리를 모든 일상에 적용하려 했던 그 시도를 만만하게 보면 안 됩니다. 지금 보면 "야, 요즘 누가 제사지내?" 하고 말할 수 있겠지만 그 시대에는 그것이 삶의 원리였던 거죠. 10년이 지나면 강산이 변한다고 하지만 그래도 강산이 거기 있습니다. 거기에는 계속 내가 태어나도 적응할 수 있고 내 자식이 태어나도 적응할 수 있는 강토가 있습니다. 물론 지금은 산업화시대를 지나 메이크업시대여서 창의력이 중요한 시대이지, 적응하는 시대가 아니죠.

일상의 욕망에
지배당하지 않으려면?

ㄴ 몇 천 년이 지나면서 변한 것도 있지만, 정말로 진리가 되는 것들은 변하지 않네요. 이 땅 위에 구축된 그런 철학은 우리가 깨달아서 몸에 배게 해야겠어요.

ㅅ 그러니까 변과 불변이 세상 살아가는 데는 정말 중요하죠. 『역경』에는 변(變)과 불변(不變)의 원리가 설득력 있게 잘 나와 있어요. '주역'은 주나라 때의 역을 말합니다. '역경'에서 역(易) 자는 위가 해를 나타내는 일(日)이고 밑이 달을 나타내는 월(月)인 한자로 구성돼 있지요. 그러니까 쉽게 말해서 낮과 밤을 한 글자로 묶어 놓은 한자죠. 역이라는 것은 바꿀 역(易) 자에요. 『주역절중』이라는 책의 「계사전」[6] 주석을 보면 역의 의미가 좀 복잡해요.

그런데 변하는데 변하지 않는 것이 있습니다. 태극기의 태극처럼 하루는 낮과 밤 이렇게 돼 있어요. 그런데 이걸로 끝나요? 바꿀 역(易) 자인 동시에 쉬울 이(易) 자에요. 우리가 보통 보면 난이도(難易度)란 말 쓰잖아요. 그랬을 때 이게 쉬울 이 자거든요. 그랬을 때 밤낮이 바뀌는 걸 알아채는 건 쉬워요? 어려워요? 아주 쉽잖아요.

L   그럼 주역을 낮과 밤의 이치라고 해도 될까요? 그러고 보니 낮과 밤의 이치면 곧 세상만사를 말하는 거네요. 그 다음날도 그 다음날도 똑같이 낮과 밤이 오잖아요.

∧   낮과 밤은 끊임없이 교체되면서 흘러가요. 그런데 오늘은 1일이고 내일은 2일이야. 이게 형태가 똑같은 것처럼 느껴지죠.

L   맞아 맞아, 비슷비슷해 보여요.

∧   그런데 1일의 낮과 밤과 2일의 낮과 밤이 언뜻 보면 같지만 진짜로 같겠어요? 다르겠어요? 다르지. 이건 어제고 이건 오늘이니까 엄연히 다르죠. 그러니까 하루 이틀이라는 시간은 변하지만 낮과 밤이 있다는 것은 안 변하죠. 이것을 각각 변과 불변이라고 해요. 인간관계도 똑같은 겁니다. 그래서 우리는 변화와 불변의 관계를 잘 알아야 되요.

L   너무나 당연한 듯 반복되지만 자세히 보면 매일 매일이 다 다르다?

일상에서 문득문득 찾아오는 '욕망'을 어떻게 할 것인가

存天理
遏人慾

존천리 알인욕

·

'매일 매일 움직이고 가만히 있는 사이에서 모든 것을 보라'

'숨 쉬는 순간에도 밥 먹는 순간에도 충실하라'

그리고 매일 매일이 다른 하루는 또 당연한 듯 내일 돌아온다.

▲ 그렇죠. 그런데 사람들은 이 쉬운 자연이치 안에 있으면서 '어, 이거 왜 잘 안 돌아가지?' 하고 어렵게 여길 때가 있어요. 그때는 뭐다? 그건 욕망이 껴서 그렇습니다. 욕망의 늪으로 계속 들어가니까 자꾸 자기가 보고 싶은 것만 보고, 자기가 취할 것만 취하게 되거든요. 그러다 보니까 자신이 가질만한 것만 가져서 족하면 세상사 그렇게 자연스러울 게 없는데~ 그걸 못하니까 부자연스럽고 못마땅한 거죠. 그래서 앞서 얘기했던 존천리 알인욕, 거인욕이라는 것이 요즘에 와서는 더욱 더 중요한 세상 사는 이치가 되고 있습니다.

혜민 스님이 '멈추면 비로소 보인다'고 했잖아요. 그런데 그것도 절반 밖에 못 본 거에요. 사람이 멈춰만 있을 수 없잖아요. 움직여야지. 그걸 뭐라고 하느냐면 일용(日用)이라는 말을 씁니다. 날 일(日) 자와 쓸 용(用). 매일 매일 쓰는 순간, 매일 매일 움직이는 순간, 그걸 또 움직일 동(動)과 고요할 정(靜)을 써서 일용동정(日用動靜)이라고 합니다. 그러면 '매일 매일 움직이고 가만히 있는 사이에서 모든 것을 봐라'. 주자는 "숨 쉬는 순간에도 밥 먹는 순간에도 충실하라."고 했어요. 순간을 조차(造次)라고 합니다. 모든 매 순간에 충실하라, 그게 핵심이죠.

어질 인 - 오픈 마인드 - 사랑

ㄴ 결국 동양철학의 관점으로 보는 사람의 일생은 전체적으로 봄 여름 가을 겨울의 성향을 품고 태어나서 자신의 본성에 맞게 1월부터 12월까지 각각의 시기에 맞게 적응하며 살아야 하는 것이었군요.

ㅅ 모든 자연의 질서에 맞춰서 가려고 노력했던 게 동양인들의 고대 사회 지혜였죠. 그럼 인간관계를 어떻게 해야 하느냐? 그 인간관계를 가장 잘 나타내주는 말이 『논어』에 나오는 유학의 핵심주제인 '인(仁)'이라는 개념이죠. 어질 인. 그런데 인이라는 건 '사람은 두 사람'이라는 개념이에요. 인(仁)이란 글자는 '사람 한 명(人) + 이(二)'로 돼 있잖아요. 일은 하나, 하나는 다른 말로 하면 통일되어 있다, 한마음이라는 뜻입니다. 여러 사람이 손을 잡고 있는 게 한마음이죠. 이런 걸 하나라고 합니다. 둘은? 나 이외의 서로 다른 사물들이 여러 명 있

다는 말입니다. 그래서 인(人)은 단수고 이(二)는 복수의 개념입니다. 그렇다면 남 작가, '어질다'는 말이 무슨 뜻일까요?

└ 어질다?…… 어질…다? 어질……다……. 흐음 설명할 수가 없네요.

▲ 감이 안 오죠. 그냥 한자로 어질 인. 네이버에 찾아도 어질 인. '어질다'가 무슨 말인지 감이 안 옵니다. 제가 볼 때는 철학도 중요하지만 그 전에 언어철학이 대단히 중요해요. 의사소통을 하려면 언어에 대한 보편적인 합의가 있어야 되잖아요. '어질다'라고 하면 요즘엔 두루 통용되는 의미가 있어요? 요즘에는 보편성을 획득 못해요. 그런데 유교사회에서는 어질 인(仁) 자를 가지고 인간관계를 나타냅니다. '인'은 복수의 사람들끼리 만나서 합일하는 것을 의미합니다. 서로 다른 성격을 가진 사람들이 있습니다. 그런데 그 사람들이 합일을 하려면 어떤 자세를 가져야 될까요?

└ 받아들여야죠. 이해하려고 하고, 마음을 넓게 써야 되죠.

▲ 마음을 넓게 쓰려면 마음을 열어야 돼? 닫아야 돼?

└ 열어야 돼요.

▲ 그쵸, 열어야 돼요. 그 의미가 어질다는 뜻이에요. 오픈 마인드(open mind). '어질다'의 반대가 '모질다'에요. 모질다는 것이 뭐냐면 모가 나 있다는 거죠. 이건 클로우즈(close)죠. 모질다의 반대가 어질다니까 어질다는 열려 있다는 거죠. 그렇다면 어질 인이 여러 사람 사이의 관계라고 했잖아요. 여러 사람 사이의 관계는 어떤 상황을 말할까요? 자 한번 남 작가가 손을 올려 봐요. 이렇게 닫혀 있으면 내가 남 작가 가슴 속으로 들어갈 수가 없겠죠. 반대로 두 팔을 벌려 봐요. 가슴이 열리죠. 그러니까 모든 것은 열어 줘야 들어갈 수가 있죠. 이런 관계가 바로 인간관계를 나타내고, 이걸 다른 말로 '사랑'이라고 그래요.

ㄴ 우리가 주로 생각하는 그 사랑? 가스으으음을 활짝 열고 이 남자 저 남자 다 만나라? 오는 남자 막지 말고 가는 남자 잡지 마라는 그 오픈, 오픈 마인드?

▲ 남녀 사이의 사랑을 말하는 게 아니고요. 동양에서는 부모와 자식 간에도 열려 있어야 되고, 남녀 간에도 열려 있어야 되고, 스승과 제자, 군주와 신하 등 모든 인간 사이의 관계에서 '인(仁)하다' 하면 상대에게 관심을 가져주는 사람이어야 한다는 의미에요. 동양사회에서 그 사람이 인(仁)한 사람이냐 아니냐는 다른 말로 하면 그 사람이 열려 있는 사람이냐 아니냐? 타인에게 관심을 가져주는 사람이냐 아니냐?

이해심이 있는 사람이냐 아니냐? 그 말입니다. 그걸 요즘 말로 하면 오픈 마인드!

ㄴ 타인에게 관심을 주고, 이해를 하고, 받아들이고, 불쌍하면 거둬들이고……. 이 정신은 서양 사람들이 생각하는 나눔과 박애정신하고도 좀 통하는 게 있는 것 같은데요

ᐱ 서양에서의 박애정신이나 예수의 사랑과는 같은 듯하지만 좀 차이가 있죠. 예를 들어서 남 작가가 무슨 일을 했는데 다른 사람에게 실수를 했어요. 그때 예수의 사랑은 '원수를 사랑하라' 하면서 그 사람을 사랑해요. 그런데 '원수를 왜 사랑해?' 동양에서는 그런 것 없어요. 남 작가가 잘못했잖아? 잘못했을 때 마음을 여는 게 뭐냐면 '잘못할 수도 있지. 봐 줘라' 이게 아니에요. 그건 오히려 마음을 닫는 거고 관심을 끊는 거지……. 그보다는 동양적 사랑은 이런 거죠. 남 작가가 잘못했어. 그러면 "야, 너 그럼 안 되지." 하고 충고해주는 거죠. 내가 마음을 열어놓고 "너 그거 고쳐야 돼." 하고 충고를 해주는 게 타인에게 관심을 가져주는 겁니다.

ㄴ 아! 동양철학은 사랑이라는 명목하에 덮어놓고 모든 것을 다 용납하고 이해하고 포용해주는 게 아니군요!! 저는 확실히 우리 철학이 맞는 것 같아요. 저는 교회 다니는 사람이라 '원수를 왜 사랑해야지' 항

상 고민했거든요. 사랑이라는 개념이 동서양 철학에 따라 완전 또 다르게 해석되네요!!

✦ 그게 바로 인이에요. 상대방에게 관심이 없으면 어떻게 됩니까? '그럴 수도 있어', '너 그렇게 살아, 괜찮아' 이렇게 넘어가죠. 그건 상대방에게 주는 관심을 닫는 겁니다. 따라서 동양에서는 '인'이 인간관계의 기초입니다. 그걸 다른 말로는 '간(諫)한다'고 합니다. 간하다는 요새말로 어드바이스(advice), 충고해주는 것.

└ 카아~~ 맞다 맞아. 사실 진짜, 충고해주는 것도 열정이 있고 상대방한테 관심이 있어야 해줄 수 있는 거거든요. 애정이 있으니까 내 시간 써가며 조언도 해주지, 정 안 가는 놈들은 얘길 해줘도 삐치기나 하고……. 아, 암튼 들으면 들을수록 동양철학 내 스타일이야.

✦ 공식적으로 왕정사회에서는 왕에게 자문해주는 관리를 뒀습니다. 최고지도자인 천자에게는 일곱을 붙이고, 제후에게는 다섯, 벼슬하는 사람은 셋, 친구 사이에는 하나를 둡니다. 일반 사람은 충고해주는 친구 하나만 있어도 좋은 겁니다. 하나도 없으면? 그건 사람도 아니니까 자신을 반성해 봐야죠. 그런데 예를 들어서 도지사쯤 됐어. 도지사는 관할하는 일이 많잖아요. 거기에 따라서 하나씩 다 붙여야지. '간' 제도는 굉장히 합리적인 제도예요. 민주주의시대에는 대통령 아래

장관이 많잖아요. 그게 다 사간원 역할을 해줘야 하는 겁니다.

ㄴ 근데 고관대작분들 중에 자기한테 곧은 소릴 하거나 듣기 싫은 소리
하면 바로 티 내는 사람도 있잖아요.

∧ 그건 독재자죠. 그런 사람은 지도자하면 안 됩니다. 유교에서는 그런
경우에는 벼슬에 나가지 않습니다.

ㄴ 오오!! 본인 스스로가 '정치를 할 만한 그릇인가' 판단해서 행동한다
는 건가요?

∧ 그렇지요. 중국 춘추시대 주나라에 거백옥*이라는 사람이 그랬습니
다. 공자가 대단히 칭찬하는 인물입니다. 천하주유를 할 때 신세를 진
사람이기도 합니다.
공자는 말합니다. "거백옥은 정말 군자다운 사람이다! 나라가 질서
있게 다스려지면 관직에 나아간다. 나라가 혼란스러워 다스려지지
않으면 관직에서 물러나 자신의 재능을 거두어 간직해둔다."
유교에서는 나라가 평화롭고 지도자가 잘할 때는 배운 사람은 자신

---

* 거백옥 : 거원(蘧瑗). 춘추시대 위(衛)나라 사람. 자가 백옥. 영공(靈公) 때 대부(大夫)를 지냈다. 겉은 관대하지만
속은 강직한 성품. 나이 50살에 49년 동안의 잘못을 알았으며 잘못을 고치는 데 늑장을 부리지 않았다. 공자(孔
子)가 그의 행실을 칭찬하여 위나라에 이르렀을 때 그의 집에 머물렀다.

의 뜻을 펼치러 벼슬에 나갑니다. 그런데 나라가 혼란하고 군주가 이상하면 자신의 큰 뜻을 마음속에 담고 고향으로 내려갑니다. 그리고 평화로운 세상이 올 때까지 기다렸다가 그런 세상이 와서 자신의 뜻을 펼칠 수 있을 때라야 벼슬에 나갑니다. 그게 덕치와 법치의 차이에요. 유교는 덕치에요. 인간의 덕망을 갖고 하는 것입니다. 덕망은 보편성을 갖고 정치를 하는 겁니다.

가르침이
배움의 절반이다

ㄴ   교수님, 어린 시절에 학교 들어갈 때 어른들이 "공부에는 다 때가 있
다." 이런 말씀 해주시잖아요. 그때는 몰랐는데 어른이 돼서 뭘 해도
안 외워지고 까먹고 하니까 그때 그 이야기가 '아, 이거구나' 이해가
가는 거예요. 정말로……. 공부에는 배운 게 머리에 쏙쏙 박히는 때가
있는 건가요?

ㅅ   교육학적 용어를 동원해 '공부에 때가 있다'는 것을 설명하면 이런
겁니다. 공부는 자신의 선천적 자질과 후천적 환경이 경험과 결부가
되면 깨닫게 됩니다. 경험의 누적테가 있어야 되는 거죠. 예를 들어
서, 초등학교 때 뭘 막 배우고 했는데 그때는 잘 몰랐는데 20살쯤 되
니까 '아, 이거구나' 하고 그제서 감이 딱 온단 말이에요. 그것은 누적
된 경험이 다시 반추를 한 거죠.

여러 가지가 있지만, 분명한 것은 동양사상에 입각해서 볼 때는 배움에는 때가 있습니다. 그런데 그 때라는 것이 단순하게 '나이가 몇 살이다'라는 물리적이고 생물학적인 것을 얘기하는 것이 아니고 생물학적인 때와 사회적인 분위기와 풍토, 이런 것들이 다 결부된 경험의 누적테로 인해서 성장하는 것을 말합니다.

앞서 동양에서는 춘하추동 다 해야 할 일들이 있다고 했잖아요. 마찬가지로 봄에 배우는 교과목과 여름에 배우는 과목, 가을, 겨울에 배우는 게 다 다릅니다. 왜 그러냐면 교과내용의 특성이 다르기 때문이죠. 예를 들어서 시는 음악과 통합니다. 음악에 보면 작사 작곡이 있잖아요. 시는 음악 중에서 작사에 포함되죠, 작시니까. 그럼 시는 언제 공부하는 것이 좋겠어요? 시를 한다, 음악을 한다 하면 부드러운 쪽에 속합니까? 딱딱한 쪽에 속합니까?

ㄴ 부드럽고 즐거운 봄 여름……??

ㅅ 그렇죠. 흥겹고 즐거우니까 보통 그때 하는 거예요. 한여름은 짜증나고 덥잖아요. 그때는 조금 여유를 가질 수 있는 것을 공부합니다. 부드럽고 즐기려면 여유가 있어야 되죠. 그러니까 산에 가서 시 한 수 짓고, 시조도 읊고. 그게 여름에 하는 공부입니다.

그런데 『논어』라든가 『맹자』는 '인간이 어떻게 살아야 되나', '정치 어떻게 하나?' 하는 엄청나게 딱딱하고 신경을 써야 하는 학문입니다.

절기=자연의 신호와 인간의 할 일

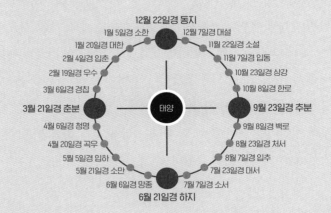

24절기는 태양의 운행에 따라 발생하는 계절의 변화를 포착한 개념이다.

24절기의 이름은 중국 주나라 때 만들어졌다.

지구가 태양의 둘레를 도는 길을 황도라 한다.

춘분점을 기준으로 황경이 90도인 날은 하지,

180도인 날은 추분, 270인 날은 동지가 된다.

그래서 논어, 맹자는 겨울에 공부하는 겁니다. 옛날에 교육과정을 편성할 때 그런 것까지도 생각을 하고 쨌습니다. 아까 분위기라고 했잖아요. 그런 것까지 고려를 했다는 거죠.

L　그런데 교수님, 공부를 배우려고 하면 잘 가르쳐주는 스승도 필요하지 않겠어요. 교수님, 유학의 스승이라고 하는 공자님께서는 제자들을 가르치는 걸 무척 좋아하셨을 것 같은데 어떠셨나요?

∧　공자는 가르치는 일에 대해 매우 즐거워 했습니다. 제자들과 함께 논의하며 세상일을 살피는 것 자체를 감사하며 살았던 인물입니다. 하지만 그런 가르침을 제대로 실천하지 못할 때는 자기 스스로를 자책하며 아주 괴로워 했습니다. 그래서 『논어』에서 공자는 이렇게 얘기하곤 합니다.

"나는 완전한 사람이 아니다. 사람을 사랑하는 그런 사람의 경지도 함부로 넘보지 못할 정도다. 감히 어찌 그런 것을 바라겠는가? 기껏해야 그런 사람이 되려고 노력하는데 싫증내지 않고 사람을 가르치는 데 게으르지 않으려고 한다!" 그 말이 그 유명한 회인불권(誨人不倦)입니다.

L　와우! 우리의 '공구' 선생님, 역시 우리의 기대를 져버리지 않으시네요. 그런데 공부에도 다 때가 있다고 하는데 동양에서는 공부의 때를

어떻게 나눴나요?

▲   생물학적으로 나이를 따지면 어린아이 때 배우는 공부가 있고, 청년 때 배우는 공부, 어른이 돼서 배우는 공부가 다 다릅니다. 어린아이 때는 글자 자체를 익힙니다. 습자교육. 그리고 청년 때 시간이 조금 지난 다음에 문장을 배우는 겁니다. 문장을 익히는 것을 막 배우는 것이 아니에요. 그러니까 천자문 같은 것은 어릴 때 배우는 겁니다. 그리고 우리처럼 나이가 많이 들었다, 하면 그때 천자문 배운다면 웃기잖아요. 물론 우리가 초등학교도 나오지 않고 글자를 모른다면 글자부터 배워야 되겠죠.

ㄴ   그럼 다 큰 어른들은 무슨 공부를 해야 하나요?

▲   정책을 내야 되죠. 그걸 바로 '책문'이라고 하는 겁니다. 청년이 되면 과거시험을 봅니다. 20대가 넘어서 성인이 됐잖아요. 그럼 국가대사를 어떻게 운영할 것인가? 왕이 묻는단 말이에요. 그러면 거기에 대한 대책을 내놔야 하는 시기죠.

ㄴ   그러면 '공부'라는 것이 지금 우리가 배우는 공부, 이런 게 아니네요.

▲   그렇죠. 우리가 일반적으로 '공부해라' 이렇게 얘기하는 공부는 일

본말로 벤쿄시루(べんきょうする). 한자어 중국발음으로 하면 쿵푸 (gongfu)지요. 그럼 쿵푸는 뭐냐? 일본말로 면강(勉强)이에요. 면강은 '내가 힘써서 어떤 것을 이룬다'는 말이에요. "한 분야의 전문가 수준, 그것을 쿵푸, 공부를 한 사람이다." 이렇게 얘기를 하죠.

예를 들어서 우리가 대화를 많이 하잖아요. 대화를 하다보면 어떤 사람은 다른 사람의 말을 잘 들어주고, 어떤 사람은 말을 잘 이끌어내 주는 사람이 있을 것 아니에요. 그럼 그 사람은 의사소통의 달인이죠, 의사소통 쪽에 공부를 많이 한 사람. 예를 들면 차범근이나 박지성 같은 사람은 국어 영어 수학 잘 몰라, 그러나 축구 하나는 그 사람들 따라올 사람이 없어. 그래서 우리가 공부를 한 사람이라는 건 그쪽 분야에 나름대로 열심히 공부한 사람을 일컫는 말입니다. 농부는 농사를 잘 짓죠, 농사할 때를 잘 알고요. 가정주부는 어떻습니까. 된장찌개 잘 끓이잖아. 이런 것은 전부 다 각 분야마다 도사가 된 겁니다. 그걸 공부한 사람이라고 얘기하는 겁니다.

┗ 교수님, 교수님 궁금합니다!! 그러면 공부를 잘하려면 어떻게 해야 할까요?

∧ 공부를 잘하려면? 물어야 됩니다. 나는 공자의 삶과 사상이 담겨 있는 『논어』나 『공자가어』를 읽으면서 느낀 것이 하나 있어요. 어떤 사안이건 모르는 것이 있으면 물어야 한다는 사실입니다. 그래서 공자

가 말하지요. "아는 것은 안다고 하고 모르는 것은 모른다고 하라! 그것이 아는 거다!"

공자는 제자들과의 끊임없는 질의응답을 통해 진리를 공동생산해 나갑니다. 그 물음은 심오한 형이상학이 아니라 일상에서 모두가 보편적으로 인식하고 누려야 하는 평범한 삶에 관한 대화였습니다. 먹고 자고 옷 입고, 사람 사이에 예절을 지키는 그런 것입니다. 하지만 현재는 스승과 제자 사이가 상당히 일방적인 경우가 많습니다. 질문도 없고 스승의 말을 받아 적기만 하고 무조건 받아들이려고만 합니다. 이런 태도는 위험합니다. 나는 학생 때부터 지금까지 스승에게 스스럼없이 따지고 물으며 삶을 가꾸어 가려는 노력 속에서 가르침의 참 의미를 발견하곤 합니다.

공자와 제자들의 공부법처럼 질문을 많이 하면 할수록 공부를 잘할 가능성이 높지요. 호기심이 높아서 궁금한 것을 생각하고 물어보면서 터득을 하는 겁니다. 아울러 그 사람하고 관계를 갖게 됩니다. 또한 질문이 많은 사람은 알고 싶기도 하고, 나아가 자신이 해보고 싶다고 생각할 가능성이 높습니다. 그런데 다 아는 척하고 가만히 앉아 있다? 그건 가장 어리석은 사람이죠.

┗ (소근소근) '교슈님', '그른 데에~' 스스로 학식이 짧다 생각하거나, 스승께 질문했는데 시답잖은 대답이 돌아오면 어쩌지 하고 근심하다 보면 질문할 맛도 안 날 것 같아요.

▲ 그렇죠. 그것을 또 뭐라고 하냐면 교학상장(教學相長)이라고 합니다. 이 말은 『예기』에 나오는데 "가르침과 배움은 상대를 서로 북돋아주는 절반의 행위다."는 뜻입니다. 비슷한 말로 '효학반(斅學半)'이라고도 하고요. 가르치는 일이 배움의 절반이라는 뜻이에요. 내용은 『예기』「학기」[7]에 자세히 나오므로 그 진정한 의미를 잘 살펴봐야 합니다. 공부한다는 것은 신뢰가 없으면 안 됩니다. 내가 누군가에게 뭔가를 가르친다고 했을 때는 내 지식 자랑하려고 하는 게 아닙니다. '나에게 있는 것을 나눠줌으로 배운 사람은 또 세상을 향해서 뭔가를 나눠주거나 자기가 직접 행동을 할 것이다'라는 신념이 있어야 합니다. 즉, 가르침과 배움이 갖고 있는 고유한 목적을 달성하기 위해서 옛 선인들은 늘 '가르칠만한 사람한테만 가르쳐라'고 했어요. 진정한 가르침은 진정한 신뢰와 믿음이 서로를 향해 마음을 연 상태에서 주고받아야 하는 겁니다.

그런데
지금은 어떻게 합니까?

ㄴ 처음 동양철학에 대해 생각의 틀을 잡을 때 듣게 된 자연, 기후, 환경, 풍토, 계절, 그리고 사람, 제도, 인간관계까지 종합해보면 이게 다 하나의 원리인 것 같아요. 자연스럽게, 자연의 이치에 맞게, 돌아가야 옳다. 이거죠.

ㅅ 그렇죠, 다 자연의 이치에 맞게 인간사회의 일들이 순서대로 운용되는 거지요. 그때는 그때의 풍토가 그래서 그렇게 맞아 돌아가는 겁니다. 그런데 지금은 어떻게 합니까?

ㄴ 필요하거나 맘에 안 들면 인위적으로 무언가 자꾸 만들어내요.

ㅅ 그렇죠, 마구 만들죠. 예를 들어서 지금은 댐 건설을 하죠. 댐 건설 하

면 물을 막기도 하고 거꾸로 올라갈 수도 있잖아요. 그런데 자연의 질서는 어떻죠? 물이 위에서 아래로 흘러가게 해야 되는 겁니다. 지금은 댐 건설 같은 발전을 해서 인위적으로 에너지를 얻어서 써야 하잖아요. 앞서 말한 메이크업시대는 인위적으로 생산을 해야 한다고 했지요. 그거죠. 그런데 옛날 사람들은 그런 것에 대해서 밝지 못했습니다. 그러니까 옛날 사고는 인위적인 생산이 없던 시대의 사고라서 지금의 과학문명기술시대의 사고와 맞지 않죠. 이런 기술에 관한 것들은 그때 그 사고를 가져왔을 때는 바로 적용할 수 없다는 거죠.

└ 아하, 그러니까 현재 발달한 과학기술문명, 달라진 패러다임을 보면서, 동시에 옛 지혜를 고민하고 논해야 한다는 것이지요?

ʌ 그런데 복고주의자들은 옛날 공자시대에 했던 대로 그대로 해야 되는 겁니다. "요새? 이게 뭐야, 요새 것들 틀렸어." 이렇게 단정지어 버리는 거죠.

하지만 오늘날 메이크업시대에는 그런 복고주의자들의 사고방식이 틀린 거죠. '요새 것들'이 맞는 거죠. 왜? 우리는 현대를 살아가니까. 대신 자꾸 대량으로 뭘 만들다 보니까 부작용이 생기는 것은 사실입니다. 그 부작용에 대해서 고민을 하면서 옛날 것을 다시 오늘에 맞게 활용해보자는 겁니다. 당겨보면서 참고하는 거죠.

ㄴ 아, 온고지신(溫故知新)이라는 말은 이럴 때 쓰는 거군요.

ㅅ 그렇죠. 온고지신은 공자가 다른 사람의 스승이 될 수 있는 요건에 대해 강조하면서 말한 내용입니다.
"지나간 것을 살펴보는 동시에 다가오는 것을 알아야 한다. 그래야 남의 스승 노릇을 할 수 있다.(溫故而知新, 可以爲師矣.)"
온고는 옛날 것을 잘 참고하고 살펴서 손 위에 올려놓고 보는 겁니다. 그리고 지신은 새로운 것을 만들어내려는 노력이죠. 다시 말하면, 다른 사람의 모범이 되어야 할 스승은 전통에 대한 통찰력, 현재를 추동하는 실천력, 그리고 미래에 대한 예지력을 지녀야 합니다. 그것은 옛날의 역사를 알고 그것을 현실에서 창조적으로 활용하는 작업이지요.

ㄴ 옛 것이 좋으면 그것을 취하고, 지금 것이 좋다면 그것을 취하면 되는 것이다?!
좋은 게 좋은 거네요!! 아, 그런데요 교수님. 동양철학에 있어서도 천지창조 같은 개념이 있나요? 하느님께서, '아니믄' 조물주가 세상을 만드셨다…….

ㅅ 동양에서의 우주 형성이나 천지창조, 하늘과 땅이 창조되고, 사물이 창조되고 인간이 창조되고 모든 존재가 태어나는 이런 건 결론부터

말하면 동양에는 없습니다. 없는데 중국신화나 전설에 보면 서양에서 여호와가 세상을 창조한 것과 비슷하게 중국에도 만들어진 것은 있어요. 반고신화* 같은 게 그런 거죠.

문제는 기본적으로 그 이후에 동양사상이 발달하면서 그런 개념들이 희박해져요. 왜 그러냐면 동양에서(불교는 빼고) 춘추전국시대 이전의 선진시대(진시황이 중국을 통일하기 이전의 중국)의 핵심적인 나라가 하나라, 은나라, 주나라입니다. 주나라 다음에 춘추전국시대가 오고요. 그때까지 인류의 지성이, 문화가 발달해 옵니다. 그런 발달해 오는 과정 속에서 대부분 우리에게 남아 있는 것은 유교하고 노자 장자의 도가, 법가 같은 사상이 발달하게 됩니다. 불교가 들어오기 전까지는요. 그렇게 인류 문명이 쭉 발달하면서 천지창조의 개념이 상당히 약화됩니다. 천지창조의 개념을 가지려면 종교성으로 올라가야 됩니다. 그런 것이 은나라 때는 좀 강했는데 고대국가로 내려오면서 점차 그런 개념이 약해지죠. 그러면서 요새 말하는 우주자연을 하나님이 만들었다, 누가 만들었다, 이런 생각이 별로 없게 됩니다.

* 반고신화 : 세상이 알 모양의 혼돈의 시대였을 때 반고가 18,000년 만에 잠에서 깨어나 가볍고 맑은 것은 위로 올라가 하늘이 되었고, 무겁고 탁한 것은 아래로 떨어져 땅이 되었다. 또한 별, 산, 강 등 우주의 만물 또한 반고의 신체 각 부위가 변해 만들어졌다고 한다.

태초에
우주자연이 있었다

ㄴ 출발이 완전 다르군요. 서양철학은 만들어졌고. 동양철학은 원래 있
   었다.

ᐱ 원래 있는 것을 코스모스(cosmos)라고 합니다. 원래 있는 이 세상에
   서, 인간을 중심으로 동물들, 식물들, 무생물들이 어떻게 어울려서 살
   아가는가에 대해 고민을 하죠. 그것이 동양철학의 출발입니다. 서양
   철학에서는 '누가 천지를 창조했지?', '세상은 어떻게 만들어졌을까?'
   하고 자꾸 묻잖아요. 그런데 동양철학은 노하우(know how)를 강조합
   니다. '어떻게 살아야 되느냐?'가 중요한 철학의 출발입니다. 그러니
   까 동양철학은 땅이 어떻게 생겨났는지, 하늘이 어떻게 열렸는지 이
   런 데 대해서는 관심이 상당히 적습니다. '하늘은 원래 저렇게 저 자
   리에 있던 것, 땅은 원래 저렇게 있던 것' 하고 단정하는 거죠. 동양

에서 관심을 갖는 것은 '산이 높은 산이냐', '산 속에 강이 있느냐, 바다냐?', '그러면 여기에서 사람은 어떻게 살아야 하느냐?' 하는 것들이죠. 내가 태어났는데 울퉁불퉁한 산이 있어요. 그러면 여기서 어떻게 살아야 하느냐는 거죠. 고기 잡아 먹고 살아야 되는지, 농사지어야 하는지, 사냥하면서 살아야 되는 건지 이런 것에 대한 대비책이 철학의 관심이죠. 그걸 다른 말로 생존의 문제라고 합니다. 그걸 『맹자』와 『주역』에서 우환의식(憂患意識)[8]이라고 합니다. 걱정하고 근심하는 생각들이 싹트는 거죠.

┗ 원래 있었던 자연을 보면서 '우리는 저기에서 어떻게 살아가야 하지?' 고민하는 것이 동양철학의 우환의식!!

ᐱ 그렇죠. 예를 들어서 남 작가가 시골에서 서울에 올라왔어요. 시골에 있을 때는 교통이나 인구가 상대적으로 적죠. 근데 서울에 올라오니까 버스, 전철이 복잡하고 난리법석인 겁니다. 그러니까 '여기서 내가 어떻게 살지?' 이런 생각이 들잖아요. 그러면 거기서 뭐가 생기느냐? 방법이 생깁니다. '내가 이 사람들하고 관계를 잘해야겠다' 아니면 '내가 힘을 길러서 권력을 잡아야겠다' 등등 여러 가지 방법을 모색하게 되지요. 그 방법의 문제가 사상적으로 갈라지는 게 유교, 도가, 법가 이렇게 되요.

음양오행적 삶이란?

동양적 우주질서의 시작은 음양에서 비롯한다. 음양은 오행으로 확장되는데
이 항목들은 그냥 외기만 해서는 별 의미가 없다.
익히고 터득하고 즐길 수 있어야 우아한 동양철학적 삶이 시작되는 것이다.

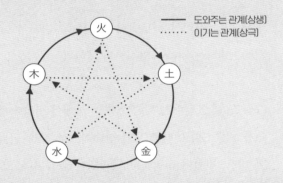

—— 도와주는 관계(상생)
······ 이기는 관계(상극)

상징동물	감정	소리	계절	기운	오행	방향	맛	장부	색	오상
청룡	기쁨	각	봄	풍	목	동	신맛	간	푸른색	인
주작	즐거움	치	여름	열	화	남	쓴맛	심	붉은색	예
	욕심	궁	환절기	습	토	중앙	단맛	비	노란색	신
백호	분노	상	가을	조	금	서	매운맛	폐	하얀색	의
현무	슬픔	우	겨울	한	수	북	짠맛	신	검은색	지

ㄴ 아하, 일단은 '어떻게 살아갈까?'라는 대전제는 같고 어떤 수단을 타고 갈까? 버스를 탈지 자전거를 탈지 오토바이를 탈지에 따라 유교나 도가나 법가로 나뉜다는 이야기군요.

ㅅ 중심이 되는 것은 '어떻게 살 것인가'의 문제에 골몰하는 거예요. 물론 서양 사람들도 그런 경향은 있지만 기본적으로는 '이게 뭐지? 하나님이 뭐지?' 하는 호기심이 강합니다. 반면에 동양은 기본적으로 호기심보다는 '에라 모르겠다, 지금 닥친 문제를 어떻게 해결할 것인지 부터 생각하자'고 하지요. 서양은 끊임없이 지적인 호기심으로 가요. 노 웨어(know where)로 간다고. 왓 이즈 디스(what is this) 하면서 이게 뭐냐는 쪽으로 갑니다. 그런데 우리는 하우 이즈(How is), 그런 생각이 강해요. 그러다 보니까 동양의 유교나 도교에서는 서양과 같은 절대적인 신, 객관적인 신, 그런 것들이 없어요.

ㄴ 정말 절대적으로 믿고 추앙받는 신은 없는 것 같네요.

ㅅ 그 대신 그 신을 대체하는 우주자연이 존재합니다. 천지가 창조되는 게 아니라 천지는 원래 있는 거라고 했지요? 이것이 존재론입니다. 형이상학적으로 막 생성되는 것이 아니고, 원래 있는 겁니다. 우주자연이라고 할 때 서양용어로는 코스모스, 코스몰로지(cosmology)가 되는데 『천자문』의 첫 대목에서 "천지현황(天地玄黃) 우주홍황(宇宙

洪荒)"이라고 할 때, 우주(宇宙)는 '집 우', '집 주'입니다. 『회남자(淮南子)』라는 책에 보면, 우주에 대한 개념이 분명하게 나옵니다.

"옛날부터 지금까지를 주라고 하고, 상하사방, 즉 하늘과 땅, 동서남북을 우라고 한다.(往古來今謂之宙. 四方上下謂之宇.)"

따라서 우주는 집 우(宇), 집 주(宙)입니다. 집 우는 요새말로 하면 공간입니다. 스페이스(space). 주는 시간입니다, 타임(time). 그래서 우주는 스페이스 앤드 타임(space and time)이죠. 시간과 공간. 그렇다면 동양의 공간의 개념은 상하전후좌우(上下前後左右). 상하사방(上下四方), 이것을 육방(六方)이라고 합니다. 육방이 있어야만 반드시 공간이 생겨나죠. 그 육방 중에 위를 차지하는 게 하늘이에요. 아래를 차지하는 건 땅이죠. 그러니까 우주가 거대한 집인 겁니다. 그냥 조그만 하우스(house)가 아니고 그레이트 하우스(great house), 얼티메이트 하우스(ultimate house). 우리가 집 하면 조그만 기와집, 초가집을 생각하잖아요. 그런데 동양에서의 집은 우주 전체, 하늘을 지붕으로 삼고 땅을 바닥으로 삼는 거대한 공간의 축소판입니다.

ㄴ 와~~~~ 스케일부터가 다르구먼!!

ㅅ 예를 들어서 하늘과 땅 사이에 인간이 살고 있잖아요. 집 속에도 살고 있지요. 그런데 주는 뭐냐면 옛날부터 그걸 고금왕래(古今往來)라고 했습니다. 옛날부터 지금까지 쭉 내려오는 시간. 그걸 주라고 합

니다. 타임. 그러면 우주의 역사가 있잖아요. 언제 생겼는지는 모릅니다. 그냥 있는데 쭉 내려왔습니다. 그런데 저기에 소나무가 하나 있다고 하면 그게 죽었다가 살았다가 또 죽었다가 살았다가 하면서 무구한 시간을 그곳에서 나고 죽고 또 나면서 면면히 이어지죠. 밑에 씨 뿌려서 또 나고 하죠. 그게 우주의 역사에요. 집도 오래 되면 어떻게 되요?

L　수리하고 리모델링하고 고치죠.

∧　그쵸? 지붕을 수리하고 허물어진 곳을 고치고 하죠? 시간과 공간을 전체적으로 잘 정돈해서 우리 머릿속에 들어와 있는 게 우주입니다. 그러면 우주라는 개념으로, 그리고 시간과 공간의 개념으로 우리 머릿속에 집어넣으면 이 자연도 결국 살아있는 거죠. 계속 변화하고 움직이면서 가는 겁니다. 그리고 그 속에 인간이 태어나서 살고 죽고 다시 태어나면서 계속 이어가는 거죠.

그러면 동양에서의 자연관은 어떤 것인지 설명해 봅시다. 문제는 앞서 말한 우주, 즉 시간과 공간이 자연에 그대로 있다는 것이 자연의 개념입니다. 자연이라는 말이 스스로 자(自)에다 그럴 연(然) 자잖아요. 이걸 풀어보면 시간과 공간이 원래부터 스스로 그렇게 있는 것. 그것이 자연입니다.

우주
Great House

宇
집 우

상하전후좌우
space

宙
집 주

고금왕래
time

인간과 자연 …… 풍수사상

인간과 시간 …… 사주팔자

인간과 인간 …… 예절의식

음양,
우주 질서의 시작

L 교수님, 저는 점점 동양철학이 좋아지고 재밌어지거든요? 그럼 사람들이 '너는 종교가 뭐야?'라던가 '너는 뭘 믿어?'라고 물어보면 뭐라고 대답해야 할까요? 왜 "저는 기독교 신자입니다. 가톨릭 신자입니다." 이렇게는 얘기해도 "저는 신실한 유교 신자입니다." 이런 말은 안 하잖아요. 유학은 종교가 될 수는 없는 건가요?

ᄉ 네, 남 작가가 고민하는 것처럼 유학을 좋아하면 종교처럼 믿고 싶지만 사실 유교는 종교로 성립되기엔 한계가 있습니다. 심오한 철학 정도가 맞는 거죠. 종교가 성립되려면 세 가지가 있어야 합니다.
첫 번째 신이 있어야 됩니다. 그런데 신은 특징이 뭐냐? 절대자지요. 인간하고 다른, 인간을 초월한 인간보다 훨씬 수천수만 배의 전지전능한 능력을 가진 절대자로서의 신이 있어야 돼요. 그런 특징을 갖고

있는 객관대상 - 하나님 같은, 알라신 같은, 인도의 비슈르신, 석가
모니 같은 - 인간이라고 할지라도 신적인 무언가를 가진 전지전능
한 존재여야 합니다.

두 번째는 성경책 같은 교리가 있어야 됩니다. 예수나 석가모니는 인
간이잖아요. 그런데 인간임에도 불구하고 신적으로 만들어졌지요,
그러려면 교리가 만들어져야 합니다. 교리가 있어야 그것을 믿고 신
봉하는 무리가 생기게 되죠.

세 번째는 신도가 있어야 됩니다. 신격화된 어떤 존재를 무조건 믿는
사람들이 있어야 합니다.

그런데 문제는 유교나 도교는 절대적 신이 일단 없습니다. 그리고 교
리도 없고 신도도 없지요. 아니면 세 개 중에 하나밖에 없어요. 예를
들어서 유학의 고전을 교리로 볼 수 있겠지만 그걸 누가 믿겠습니까.

⌐ 그걸 지켜나가려고 하는 사람들이 어찌 보면 신도들 아닐까요?

⌃ 음……. 성리학자나 이런 사람들이 신도가 될 수는 있지만 세 가지가
일체가 돼야 된다고 했잖아요. 신도는 있을 수 있지만 신이 없어요.
공자가 신은 아니니까요. 종교로 성립할 수 없으니까 종교성을 지녔
다고만 말을 하는 거죠. '종교적 특성을 지닌 어떤 사상이 곧 유교다.'
이렇게 의미 매김 하는 겁니다. 기독교나 불교처럼 공식적인 종교는
아니지만, 여기 공자상이 있고, 내가 공자상 앞에서 '공자를 본받아

좋은 사람이 되어야겠다'고 다짐을 할 수는 있겠죠. 공자상을 보면서 공자의 의식을 따르려고 한다면 기독교의 하나님을 믿는 종교와는 같지는 않지만, 그와 유사한 종교적 특성은 지녔다고 말할 수는 있겠죠. 그게 유교가 종교성은 지녔다고 하는 겁니다. 그렇다고 동양사상에서 천지창조개념이나 신 같은 그런 개념은 안 나온다고 보죠.

└ 천지창조개념도 없으니, 원래 인간은 이미 오래 전부터 남자와 여자로 나뉘어서 있었던 것으로 시작되겠네요?

∧ 기독교에서는 여자는 남자의 갈비뼈로 만들어지잖아요. 기독교에서는 하나님이라는 절대적 유일신이 사람의 형상을 흙으로 빚어서 훅 부니까 사람이 되죠. 그리고 남자의 갈비뼈를 빼내 여자를 만들죠. 그런데 동양은 아니죠. 천지는 원래 있는 거죠. 남녀는? 남자와 여자도 그냥 있는 거예요. 그리고 남자는 어디서 왔으며 여자는 어디서 왔냐고 연원을 따지진 않죠.

└ 그렇죠.

∧ 대신에 이런 비유는 하죠. 남자는 가만히 관찰해보니 여러 가지 특성이 천(天)의 특성을 가졌어요. 그러니까 남자는 천에 비유를 합니다.

ㄴ   하늘의 기운을 가진 남자.

ㅅ   여자는? 가만히 보니까 땅의 특성을 가졌어요. 그러니까 여자는 지
     (地)에 비유를 하죠.

ㄴ   아~ 땅의 기운을 가졌다고 해서…….

ㅅ   그러니까 원래 있었다 하면서 굳이 따지자면 남자는 천, 여자는 지
     해서 남자와 여자는 '천존지비(天尊地卑)[9]'로 비유하는 겁니다. 천존
     지비는 하늘은 높은데 있고 땅은 낮은 데 있다는 뜻이죠. 그런데 그
     걸 잘못 비유하니까 남존여비(男尊女卑)가 되고 맙니다.

ㄴ   아니 하늘과 땅은 서로 마주보고 동등한 입장 아닌가요? 아!!! 그게
     그렇게 해석이 된 거군요.

ㅅ   '남존여비'라고 하는 이상한 해석을 낳은 와중에 일제강점기에 들어
     온 일본인들이 여자를 무시하고 천대하는 쪽으로 몰고 갔던 겁니다.
     하지만 동양세계에서 천존지비는 하늘은 하늘이니까 위에 있고, 땅
     은 땅이니까 아래 있다는 뜻입니다. 남녀의 역할만 다른 거죠. 낮과
     밤 중에 어느 게 좋아? 낮과 밤 중에 개인의 감정과 취향에 따라서 좋
     다 나쁘다는 있지만, 낮과 밤 중에 어느 것이 좋다 나쁘다는 구분할

수 없죠. 왜? 그냥 하루 중에 낮은 낮대로 식물들이나 사람들이 활동하고 밤은 밤대로 달이 떠서 그 기운을 받으면서 다음날 활동할 수 있도록 '야기'를 집어넣어주는 겁니다. 그런 역할들만 있는 거지, 어느 것이 좋다, 나쁘다는 있을 수가 없습니다. 그것이 한나라 때 오면 음양론(陰陽論)이라는 것으로 발전합니다. 그러니까 사상이 자꾸 갈라져 분파돼 가는 거죠.

┗ 우리가 지난 시간부터 공부했었던 것부터 보면 남자와 여자는 대등한 입장인 거고, 시공간에서 봤을 때는 남자는 하늘의 기운이 더 많고 여자는 땅의 기운이 더 많기 때문에 남자는 '하늘의 기운처럼 살아라' 하고 여자는 '땅의 기운처럼 살아라' 하는 것처럼 가르침이 내려오는 거예요?

ᐱ 그게 인간의 본성이 되는 거죠. 그것이 『중용』에 나오는 천명지위성(天命之謂性)입니다.

┗ 하늘이 명령한 것은 인간의 본성이다! 하늘? 인간의 본성?

ᐱ 자연 속의 질서 자체가, 다시 말해 하늘의 명령이 남자는 남자답게, 여자는 여자답게, 하늘은 하늘답게, 땅은 땅답게 이렇게 되는 거죠.

음양

> "음양가는 하늘을 공경하고 잘 따르며,
> 해와 달과 별을 관찰하여 책력(달력)을 만들고
> 백성들에게 농사를 가르친다……"
> – 『한서』「예문지 제자략」

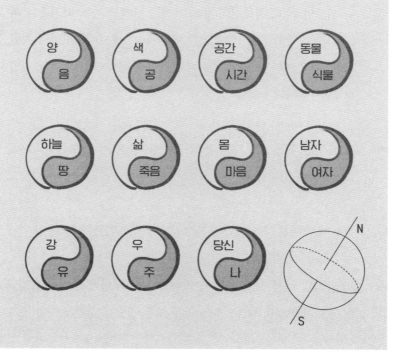

└ 나라는 나라답게!!

∧ 그러면 하늘이 하늘답다는 것은 뭘까요?

└ 봄에는 따사로운 태양이 내리쬐고 여름 장마에는 비를 뿌려주고 겨울에는 눈도 내려주고 이런 거?

∧ 그런데 하늘에서 비와 눈이 안 내리고 햇빛이 가려 까맣습니다. 그러면 하늘이 하늘 역할을 못한 것이죠?

└ 그렇지요.

∧ 하늘이 제 역할을 못하면 땅에 있는 존재가 못 살게 되겠지요? 자, 반면에 땅은 곡식을 기르고 여러 가지를 품어주고 해야 하는데 그런데 그렇지 못한 땅이 있습니다. 그 땅은 쓸모가 자연의 이치를 거스르는 거지요?

└ 그렇죠, 땅이 땅 역할을 못하니까요.

∧ 남자도 여자도 다 마찬가지입니다. 사람은 자기가 타고난 자질, 본성이 있고 그것을 따르며 사는 것을 두고 '천명지위성이다'라고 합니다.

솔성지위도(率性之謂道). 이건 길이라고 하는데요. 도리, 이치가 있지요. 그렇게 남성은 남성의 역할, 여성은 여성의 역할을 해야 하죠. 마치 하루의 낮과 밤이 있는 것처럼, 남과 여가 있고 그것이 하나로 합쳐지는 의식이 화합정신인 화해입니다. 화(和) 자에 화합할 때 합(合) 자가 전부 그거예요. 그렇게 치면 절대 남성이 혼자서, 여성이 혼자서 존재하는 것은 세상에 없겠지요. 전부 반쪽이고 절름발이입니다.

내 마음의 밝음을 밝혀라

∧ 서양에서는 자신을 객관화시켜 놓고 과학적으로 체크리스트를 만들어서 자신에게 맞는 걸 체크하고 체크해서 자기를 바람직한 행동으로 유도하는 것을 행동심리학이라고 합니다. 그 사람의 행동을 파악하고서 이렇게 저렇게 가자고 방향을 제시하는 거죠. 그런데 유교는 행동심리학하고 정반대에요.

└ 어 그럼 똑떨어지는 정답이 없다는 말씀인가요?

∧ 유학은 마음의 철학입니다. 우리가 마음을 볼 수 있어요, 없어요?

└ 볼 순 없지요.

♠ 서양식으로 하면 마음이 파란지 빨간지 어떤지 볼 수 없지요. 대신 뭐라 표현을 하느냐 "마음을 느낄 수 있죠". 마음을 한자로 말하면 심(心)인데, 본성이라고도 하고 여러 가지 말을 씁니다. 그래서 동양철학에서 '공부를 한다는 건 그 마음을 바로잡는 데서 온다' 이렇게 됩니다. 그러면서 공부하는 방법을 마음을 알아채는 데 주력합니다.

예를 들어서 올바른 것과 올바르지 않은 것이 있을 때 올바른 것만 잡고 나가라, 착한 것을 끝까지 밀고 나가라, 모르는 것은 물어라 등등 여러 가지 방법을 제시를 해요. 그런 걸로 오늘날처럼 체크하는 것을 만들 수는 있지만 그것을 권장하지는 않습니다.

L 아, 그렇지만……. 그런 서양식 방법이 좀 더 '간지'나고 '있어 보이지' 말입니다.

♠ 동양철학은 서양에서 하는 형식적인 도구보다는 마음을 바로잡고 자신을 수양하는 걸 더 중요시하는 공부법을 권장했습니다. 허령불매(虛靈不昧)라는 말이 있습니다. '마음은 텅 비어 있는데 환하게 밝다'라는 뜻이거든요. 마음은 나 홀로 존재하는 것이 아니죠? 이미 이 세계는 많은 것들이 다양하게 존재합니다. 마음은 텅 비어 있으니까 모든 것을 다 담을 수 있습니다. 잡된 놈, 깨끗한 놈 다 담을 수 있어요. 내 마음은 거기에 동일하게 여전히 있는데 호응하는 것에 따라서 달라져요. 그때에 욕망으로 떨어지느냐? 허령불매(虛靈不昧)한 상태를

추구하느냐 하는 방법을 강구하는 게 공부입니다. 허령불매는 『대학장구』에서 주자가 명덕(明德)을 설명할 때 표현한 용어입니다.

주자는 이렇게 주석합니다. "명덕은 사람이 하늘로부터 받아 지니고 있는 덕성으로 그 형체나 모양은 텅 비어 있지만 그 작용과 기능은 영특하여 완전히 꺼져서 어둡게 되는 일이 없다.(明德者, 人之所得於天, 而虛靈不昧.)"는 뜻입니다. 『중용장구』에서는 허령지각(虛靈知覺)이라고도 합니다. 중용장구 서문[10]의 설명을 보면 '마음'을 이해하기 쉬워요.

└ 내 마음이 여기에 있는데, 그 안에 무엇을 담느냐에 따라 환하게 밝을 수도 있고 어두울 수도 있겠네요.

∧ 그렇지요. 우리 유교에서는 '그 마음속엔 모든 것을 다 담을 수 있다, 어떤 곳에 가든지 맑고 깨끗하고 올바른 것만 담아라' 이렇게 가르치고 있습니다. 사람의 마음이 꼭 좋은 것만 받아들일 수는 없는 거거든요. 그리고 혹시라도 검은 게 들어오면 의도하지 않아도 스며드니까……. 그럼 '이럴 때에 나는 어떻게 할 것인가?' 조심해야 합니다. 여기에 인간이 노력해야 하는 이유가 나옵니다. 생각하는 수고로움을 보이는 것! 이게 바로 공부지요.

└ 요즘은 평생직장이라는 개념이 없어졌잖아요. 사실 저도 코미디만

한 10년 했단 말예요. 그러다가 나한테 또 맞는 것이 있을까 싶어서 이것도 해보고 저것도 해보고 어 그러다가, "책을 보니까 재미있네?" 해서 옮겨와서는 지금 책 분야에 4, 5년 있게 된 것이거든요. 사실 옮기다 보니까 부모님한테 진득하지 못하다고 꾸지람 듣고…… 또 경제적으로 일정치 않으니깐 가난이 반복되고……. 이러는 데도 '내 마음이 밝다'고, '나는 잘산다'고 말할 수 있는 걸까요?

︿ 전혀 관계없습니다. 이런 생각을 한번 해봅시다. 남정미라는 사람이 10년 동안 개그맨을 해서 잘 먹고 잘살았어요. 아니면 거꾸로, 아주 양심적으로 개그를 하고 희극인으로서 최선을 다해서 열심히 살았어요, 그 결과 돈을 많이 벌었거나, 쫄딱 망했거나 둘 중 하나일 수 있겠죠. 자, 그럼 내 마음은 범죄자처럼 물들었어요. 안 물들었어요?

L 범죄자? 아니요 전혀요. 물 안 들었어요.

︿ 그럼 잘산 겁니다. 돈을 많이 벌었다면 내 마음이 밝고 착했기 때문에 많이 번 거고, 돈을 못 벌고 쫄딱 망했다면? 그것도 내 마음이 밝고 착했기 때문에 그런 겁니다. 그런데 어떤 요인이 됐든 5년 후에 '아, 나는 작가가 되고 싶다'고 바꾸잖아요. 그때 중요한 게 왜 바꾸려고 하는지 자신의 마음속을 봐야 합니다. 내 마음은 밝은 곳에 그대로 있어요. '돈 버는 것도 지겹고, 가난하게 사는 것도 지겹다, 중고등

학교 때 문학소녀였고 책에 관심이 간다, 내 마음은 밝은 그대로 있는데, 내 관심이 그쪽으로 변경되었다, 한번 해봐야지' 하면 내 마음은 바뀌지 않은 겁니다. 그렇다면 마음이 가는 대로 그쪽으로 가면 되는 거죠.

그런데 만약 돈이나, 권력 같은 외부에 설정해 놓고 가는 것이라면 내가 주체적으로 사는 것이 아닙니다. 다른 것에 의해서 내가 살아지는 거죠. 그때는 잘못 가고 있는 거죠.

ㄴ 아하, 내가 스스로 살아가는 게 아니라 목적 때문에 살아지는 거군요.

ㅅ 유교는 그것을 절대적으로 거부합니다. 내가 밝은 마음을 가지고 살아가야지, 객체가 돼서 외부에 있는 어두운 마음에 의해 살아진다? 그럼 내가 물건이나 짐승이 돼버리는 거라 판단을 합니다.

ㄴ 그럼 목적을 다르게 두고 생각해 보면요? 예를 들어 요즘 교육을 책임지는 엄마들이 자식의 인생에 관여하는 경우가 많잖아요. 그럼 어떻게 보면 부모가 외부의 요인이 될 수 있는 거니까 밝은 마음이 아닐 수도 있겠네요.

ㅅ 당연하죠. 그러니까 부모가 아니고 부모가 가지고 있는 욕심! '너는 의사가 되라, 판사가 되라' 이것 자체를 외물(外物)이라고 해요. 바깥

외 자를 써서, 외부에 있는 물건. 대부분의 동양철학은 이런 것에 철저히 거부반응을 보여요.

동물에서 인성으로!
그 출발점은 '혈연 간의 예의'

┕ 그런데 요즘엔 건전하고 정상적인 부자, 모자지간의 관계를 잘못 생
각하고 자식을 소유하려고 하거나 붙잡고 안 내보내려 하는 경우를
종종 보게 되잖아요? 동양에서 말하는 바람직한 부모 자식 간의 관
계는 무엇인가요?

︿ 유교는 혈연중심입니다. 도교도 마찬가지고요. 동양사회의 구성 자
체가 마을공동체거든요. 촌락공동체. 그리고 촌락공동체가 대부분
집성촌이에요. 철저하게 향촌사회는 혈연중심의 촌락사회, 마을공동
체로 이루어졌지요. 마을 리(里) 자라는 게 땅을 중심으로 혈연들이
모여서 산다는 뜻입니다. 혈연중심의 마을에서 부모 자식을 비롯해,
일가친척을 가문이라고 하잖아요.

ㄴ 네.

∧ 그건 중국 왕족도 거의 마찬가지에요. 겨레 족(族)이라고 하죠. 겨레
라는 것이 피붙이라는 말이에요. 유교에서의 부모 자식 간의 관계는
일반적으로 생물학적으로 '낳아줬다' 이런 관계를 훨씬 넘어서 있어
요. 유교는 피를 나눠야 합니다. 혈연(血緣). 그렇다 보니까 뭐가 생겼
느냐면 유교에서 가장 중시하는 것이 윤리에요. 다섯 가지 윤리인 오
륜이 생겼습니다. 이 오륜은 『논어』에서는 구체적으로 등장하지 않아
요. 『중용』[11])에는 그 초기 형태가 보입니다. 그것은 인간의 보편적인
길로 상징됩니다.
여기에서 군신(君臣), 부자(父子), 부부(夫婦), 곤제(昆弟), 붕우지교(朋
友之交)가 보이지요.
그것은 『맹자』[12])에서 온전한 형식으로 나타납니다.
『맹자』에서 오륜을 강조한 이유는 동물과 구별되는 지점을 오륜에서
찾을 수 있다고 본 거죠.

ㄴ 아, 혈연중심의 사상이 유교이기 때문에 윤리를 중요시한다, 혹시 삼
강오륜 그거 아닌가요?

∧ 자 – 그럼, 한번 살펴볼까요?
오륜은 다름 아닌 사람다움을 강조하기 위한 조치입니다. 부모 자식

간의 관계를 나타내는 것이 부자유친(父子有親), 군신유의(君臣有義)는 임금과 신하의 관계, 부부유별(夫婦有別)은 남편과 아내의 관계, 장유유서(長幼有序)는 어른과 아이의 관계, 붕우유신(朋友有信)은 친구 사이의 관계, 동료와의 관계를 말합니다. 그걸 한 글자씩을 따서 써서 '친의별서신(親義別序信)'이라고 합니다.

┗ 어, 혈연중심이어서 만들어진 윤리인데 부자유친을 뺀 나머지 네 가지는 피를 나눈 것이 아니네요?

^ 군신(君臣), 즉 임금과 신하는 피를 나눈 게 아니죠. 부부유별(夫婦有別)에서, 별(別)이라는 것은 분업을 말하는 겁니다. 남편과 아내가 만나서 하나의 가정을 이루고 가정 내에서 하는 역할이 분업화 되었다는 겁니다. 장유유서(長幼有序), 이것도 내가 낳은 아이를 말하는 게 아니지요. 사회의 구성원 중에 어른이 있고 아이가 있지요. 객관적입니다. 붕우유신(朋友有信), 친구 사이도 마찬가지입니다. 그런데 유일하게 이 부자유친(父子有親)의 부자만은 혈연으로 맺어 있습니다. 먼저 부자유친을 번역해 봅시다.

┗ 아버지와 아들 사이에는 친함이 있다?

^ 그렇게 알고 있는데 그건 잘못 이해한 겁니다. 엄마는? 엄마는 어디

오륜
사람으로 태어나 서로 지켜야 할 5가지 의무 규정

親義別序信
친의별서신

혈연 관계 **+** 사회적 관계

부자유친(父子有親)

군신유의(君臣有義)

부부유별(夫婦有別)

장유유서(長幼有序)

붕우유신(朋友有信)

있어요? 앞서 하루가 낮만 있는 게 아니고 밤도 있다고 했지요? 동시에 항상 있습니다. 마찬가지입니다. 부자유친(父子有親) 할 때 그 '부(父)'라는 한자에는 '모(母)'가 동시에 들어 있습니다. '자(子)'에도 딸이 붙어 있는 겁니다. 그러니까 자녀가 되는 거죠.

┗ 아 그럼, '부모와 자식 사이에는 친함이 있어야 한다'고 해석해야 되겠네요.

⌃ 그런데 문제는 친(親)입니다. 친은 피로써 맺어진 직접적인 관계라는 뜻입니다. 앞서 말한 오륜 중 나머지는 직접적인 관계가 아니고 간접적인 관계입니다. 그래서 부자유친만을 인륜(人倫) 중에서도 천륜(天倫)이라고 합니다. 하늘이 맺어준, 자연적으로 그렇게 된 관계. 우리가 인간사회를 볼 때도 천륜과 인륜이 동시에 있습니다. '자연적으로 맺어진 관계'와 '인위적으로 맺어진 관계'가 있는 것이지요. 동양철학의 사회에서는 항상 그 둘을 동시에 다 봐야 합니다.

┗ 하긴 어떨 때는 하늘이 맺어줬다는 부모형제보다 남이 훨씬 더 나은 경우가 있어요.

⌃ 그렇죠. 인위적으로 맺어진 것이 자연적 맺음보다 훨씬 친해질 수도 있고, 반대로 형제지간처럼 자연적으로 맺어졌는데도 때로는 인위적

인 관계보다 사이가 안 좋을 수도 있습니다. 이 두 가지를 동시에 봐야 하는 겁니다.

부모 자식 간은 직접적인 관계인 자연적 관계라서 자연적으로 끊을 수가 없습니다. 절대 끊을 수 없지요. 예를 들어서 "아이, 아버지가 아버지 역할도 못하고 해서 나 아버지 안 볼 거야, 이민 갈 거야." 하면서 멀리 가서 인위적으로 끊을 수는 있겠지요. 그런데 실제로 나는 아버지가 있어요, 없어요?

ㄴ 있어요.

ㅅ 절대 못 끊습니다.

하지만 인위적인 관계는 자연스럽게 끊어질 수 있습니다. 예를 들어서 내가 왕인데 남 작가가 영의정이야. 그런데 왕이 죽으면 남 작가는 다음 왕의 영의정이에요, 아니에요?

ㄴ 잘리…… 겠지요.

ㅅ 다음 왕의 영의정이 아닙니다. 그리고 또 남 작가가 영의정을 하는데 몸이 아파, 낙향하면?

ㄴ 그때부턴 또 영의정이 아니겠죠.

∧   그런데 부자유친은 끊어지지가 않지요. 그래서 천륜이라고 합니다. 그러다 보니까 이런 천륜에 대해서 질서체계를 만들어야 하는데 그것을 바로 가법(家法)이라고 합니다. 그래서 성립되는 것은 – 부모가 있고 그 아래에 자식이 있지요. 그럼 부모는 – 한 세대가 앞선 세대고 자식은 그 아래 세대겠죠. 이러니까 상하관계가 성립이 됩니다. 상하관계에서 해야 될 윤리가 뭐가 있을까요?

∟   부모는 자식을 사랑하고, 자식은 부모에게 효도하고 공경하는 것?

∧   그렇지요. 부모가 자식을 사랑하는 것을 내리사랑이라고 하고, 자식이 부모를 사랑하는 것은 올림사랑이라고 합니다. 내리사랑을 한자로 자애(慈愛)라고 하고, 올림사랑은 효도(孝道)라고 하지요. 그렇다면 자애와 효도는 같은 걸까요? 다른 걸까요?

∟   같……지 않을까요?

∧   그렇죠. 주체만 다르지 내용은 둘 다 사랑입니다.
    그런데 여기서 대가 내려갑니다. 그러면 할아버지가 되고 부모가 되고, 자식이 생기면, 가운데 있는 사람 입장에서 보면 위로 효도도 해야 되고, 밑으로 자애도 해야 되요. 그런 관계가 모든 사람에게 다 있는 거죠. 이걸 대(代)라고 합니다. 그럼 할아버지와 손자 사이에는 한

대가 벌어지죠. 이걸 격대(隔代)라고 합니다. 집안교육에서는 아버지와 아들보다는 할아버지와 손자 간의 격대교육을 더 중요하게 생각합니다. 부모 자식 간에 교육을 시키지 않고 한 대 건너서 시켜요. 할아버지와 손자 사이에 교육이 이루어지지요. 일대를 다른 말로 세(世)라고도 합니다. 일대 이대 삼대, 사대, 이렇게 내려가는 것을 가통(家統)이라고 해요. 통이 보통 남자를 통해서 내려가고 주로 장남으로 가잖아요. 그걸 가통이라고 합니다.

┗ 아니, 딸래미들은 어쩌고!! 누가, 어떤 '노미(?)' 시대에 뒤떨어지게 남아선호사상적 발상을 한 게야? 대체 그 자가 누구예요?

▲ ……. 글쎄 누구라고 딱 집어서 얘기하기가 참 곤란합니다. 그런데 우리에게 너무나 유명한 세종대왕 있잖아요. 조선시대 4대 임금이지요. 가통의 차원에서 이 분의 업적을 심각하게 고민해볼 필요가 있어요. 세종대왕 이후에 문종 – 단종 이렇게 왕통이 계승됩니다. 문종 단종으로 계승되는 것이 다름 아닌 자식에게로, 특히 장자에게로 계승되는 체계예요. 장자상속제의 확립이랄까요. 가통은 왕통의 입장에서 보면 그때 형성됩니다. 물론 단종 이후에 세조 때 가면 또 무너지면서 이후에도 많은 논란을 낳습니다. 그렇더라도 조선 왕조에서 장자로의 상속제의 확립은 세종대왕 때부터 시작됩니다. 이것이 조선 왕실에서 중요한 것은 이전 태조 이성계 이후 왕자의 난을 겪게 된 중

요한 요인이 3남인 방원이 형제들을 죽이고 왕이 된 데서 왕통의 계승이 혼란스러웠던 점, 태종도 3남인 세종을 세자로 삼은 점 등이 문제의 소지가 있자 세종 때 이런 가통을 확립한 것입니다.

ㄴ 어머나! 세종대왕님 한글 '맹그시느라', 바쁘셨나 보네…… 유행에 민감하지 못하셨……. 에헴 (긁적긁적)

▲ 이렇듯 부모에게서 자식으로 넘어가는 것을 통(統)이라고 합니다. 공자에서 맹자로 식의 학맥을 이어가는 것 또한 학통(學統)이라고 하지요. 만약 도를 전한다고 하면 도통(道統)이라고 말합니다. 동양사회에서는 이 통의식이 굉장히 중요합니다. 여기에서 효도의식과 자애의식이 생겼는데요. 효도의식과 자애의식에서 가장 형식적인 예절의식이 바로 제사(祭祀)입니다. 자식이 아버지의 제사를 지내고, 손주가 할아버지의 제사를 지냅니다. 집안 제사는 가통으로 계속 내려가는데 제사를 지내는 의미는 뭘까요? 바로 나의 존재 근거를 밝히는 겁니다. 이 사람이 나를 유일하게 낳아줬고, 가문을 창조했다. 자, 나를 누가 창조했습니까? 부모가 창조했지요. 그런데 우리는 최초의 부모를 모릅니다. 그러니까 이걸 원시보본(原始報本)이라고 합니다.

ㄴ 아하, 결국 동양에서 제사가 그토록 중요할 수밖에 없는 것은, 부모가 나를 길러주고 낳아준 데에 대해 감사를 표하고 은혜를 갚는 게 제

사였기 때문이네요. 그런데 교수님, 명절 때 보면 일찍 가서 음식 엄청 많이 준비하고, 전 부치고, 너무 일도 많고, 번거롭고 손도 많이 가고……. 사실 귀찮아 하는 인식들이 많은 것 같아요. TV에서 종가집 제사 지내는 것만 봐도 그 규모와 준비절차가 엄청 까다롭고 복잡하더라고요. 이것도 전부 유학에서 온 건가요?

▲ 제사는 일종의 형식이잖아요. 술도 놓고 포도 놓고 지방도 써야 하고 절차가 복잡하다 생각하잖아요. 그런데 『논어』에 보면 공자는 '제사 지낼 때 성대하게 차리거라' 하는 말씀을 하지 않았습니다. 오히려 공자는 뭐라고 했냐면 '제사는 형식을 따지기보다 내용을 중시하라'고 했습니다.

└ 아니 뭐라고요?

▲ 공자의 가르침에 의하면 제사는 이렇게 하면 됩니다. 만약 오늘이 아버지 제삿날인데 돈이 한 푼도 없다. 그러면 물 한 그릇 떠놓고 감사하면 됩니다. 제사 지내는 내 마음이 더 중요한 것입니다. 그때는 "아버지, 제가 사업을 하다가 부도가 났습니다. 평소 같으면 아버지 좋아하시던 술도 놓고 할 텐데 내년에는 돈 많이 벌어서 잘 하겠습니다. 아버지 살아 계실 때처럼 사랑도 주시고 격려도 주시고 하십시오. 오늘은 물 한잔 올리겠습니다." 그러면 끝나는 겁니다.

사귐의 중심축은 언제나 믿음과 신뢰

교수님, 동양철학의 관점에서 스승, 사랑, 가족까지 봤으니 이제 친구를 좀 골라주세요. 동양철학의 관점에서는 어떤 사람을 사귀어야 한다고 말하고 있나요? 그리고 친구라고 말할 때 어느 선까지를 친구라고 말할 수 있지요?

친구라 하면 초중고 동창생도 있고, 사회에서 만난 친구도 있고, 같은 마을에서 커서 아주 가까운 친구도 있고 하겠지요. 동양의 유교 같은 경우, 인간관계를 모색을 할 때 친구는 오륜의 붕우유신에 가까운데요. "이 사람 내 친구야." 했을 땐 신뢰와 상호 믿음을 가지고 어떠한 행동을 할 수 있는 그런 사람을 말하는 거죠. 그럼 오륜에서 말하는 군신은 친굽니까, 친구 아닙니까??

┗ …… (생각해보자. 동양철학의 시각 폭은 넓었지…… 낮도 있고, 밤도 있고, 여자도 있고, 남자도 있고……. 그렇다면 정답은 복수!! 둘 다야~!) 친구일 수도 있고 아닐 수도 있습니다!!

ᐱ 그렇죠!!
   쓰시마 섬에서는 친구를 '친구'라고 부릅니다. '도모다찌(とも-だち)'라는 일본단어가 있는데도 친구라고 말합니다. 친구(親舊)도 한자죠 '아주 친밀한데 오래된 사람'. 옛날에는 친구를 '고자(古者)'라고도 했어요.

┗ 내가 고자라니?

ᐱ !! 오래된 사람을 뜻하죠!!
   그런데 이 친구라는 게 인간관계에서 문제가 된다는 거예요. 거기다가 배신이나, 배반을 하기도 하고. 별의별 게 다 있다는 거죠.
   친구와 같은 말로는 지금은 잘 안 쓰는데, 동무라는 말이 있습니다. 사실 이 동무라는 말이 굉장히 좋은 말입니다. 이 동무의 부류가 참 많습니다.

┗ 친구라는 말과 비슷한 게 '붕우유신' 할 때 '붕'이라는 말도 있고, 우리가 우정을 나눈다고 할 때 벗 우(友)가 있잖아요. 이건 어떤 때 쓰이는 말인가요?

∧ 유교에서 인간 사이에 지켜야 할 도리의 하나로 붕우유신이라 했잖아요. 한자 해석을 해보면 벗 붕(朋)과 벗 우(友)가 의미가 다릅니다. 자, 그럼 붕은 어떤 때 쓰느냐, 뜻이 같은 사람을 말합니다.

"우리는 진보적인 사고방식에 의해서 정권을 획득하는 것이 목적이다. 그래서 우리는 A라는 정당을 만들었다." 이럴 때 쓰는 당이라는 말은 영어로 파티(party)라고 합니다. 이때 뜻이 같아 정당에 들어온 사람은 붕(朋)으로서의 친구, 벗이라고 말하죠.

우리가 '죽마고우(竹馬故友)'라고 하지 '죽마고붕(竹馬故朋)'이라고는 안 하지요. 죽마고우라고 했을 때 고우는 옛 벗이라는 말이거든요. 그건 무슨 뜻이냐, 이런 거죠. A라는 사람, 남정미라는 사람, 신창호라는 사람, 이렇게 셋이 있다 쳐요. A라는 사람은 C를 추구합니다. 남정미라는 사람은 코미디언을 추구하고요, 신창호라는 사람은 학자를 추구합니다. 그럼 이 세 사람의 뜻이 전혀 다르죠. 근데 한 마을에서 어릴 때부터 같이 소 먹이러 다니고 벌거벗고 뒹굴면서 아주 격의 없이 살았던 사이입니다. 이런 걸 우(友)라고 하지요.

∟ 오오! 그러면 뜻이 달라도 우(友)는 될 수 있네요.

∧ 친구도 결이 있다는 거죠.

자 봅시다. 조선시대 당파싸움이 있으면 '붕당정치에 당파싸움' 이렇게 말하지 '우당정치에 당파싸움'이라고 말하지 않는단 말예요. 이때 말하는 붕이라는 것은 동지를 뜻합니다.

한 마을에 네 명이 같이 살았는데 한 사람은 국문과를 가고, 한 사람은 법학과를 가고, 한 사람은 영문과 가고, 한 사람은 공대를 가고 뜻이 다 달라요. 그런데 만나서 소주를 마십니다. 그러면서 하하하 웃고 떠들다가, "야, 나 지금 100원 없는데 100원만 줘." 하면 "응, 가져가." 그리고 돌려받을 생각도 안 하죠. 왜?

└ 친구니까요.

∧ 그런데 붕은 뜻이 같으면 줍니다. 하지만 뜻이 다르면 계약서를 쓰죠. 그러니까 붕우유신 했을 때의 붕과 우 사이에도 벗의 결이 다르다는 거죠.

여기서 하나 물어볼게요. 내가 있고 또 누군가 있어요. 그리고 내가 의심 없이 저 사람을 믿어요. 저 사람도 나를 의심 없이 믿는다고 가정을 해봅시다.

'내가 저 사람이고 저 사람이 나예요. 마치 아바타처럼. 내가 너고 너는 나야. 당신이 내 친구로서 어떤 일을 하는 것은 내가 하는 것과 똑같은 거야' 그런 생각을 하고 모든 것을 믿고 맡기겠어요? 아니면 맡기기는 맡기겠는데 조금의 의심은 남겨놓고 맡기겠어요?

└ 전자지요!! 나일 것이라고 생각하고 일을 맡깁니다!!

ᐱ 거기에서 유교에서는 약간의 문제가 생기는 겁니다.

ᒐ 예에??

ᐱ 신(信)을 이해를 하려면 친구관계를 얘기해야 해요. 신(信)은 유교의
오상(五常) 중에 하나입니다.
『중용』의 천명지위성(天命之謂性)에서 주자가 본성을 설명하면서 이
렇게 얘기해요.
"사람을 비롯한 모든 사물은 태어나면서 저마다 자연으로부터 주어
진 본성적 도리를 부여받고 있다. 그래서 양의 성질을 지닌 강건한
것과 음의 성질을 지닌 유순한 것, 그리고 인의예지신의 오상이라는
불변의 도덕성을 지니고 있다.(人物之性, 因各得其所賦之理, 以爲健順五
常之德, 所謂性也.)"
이때 오상은 다섯 가지 떳떳한 것. 인의예지신(仁義禮智信)! 유교 입
장에서 볼 때 인류에게 있어서 다섯 가지의 윤리. 기본적인 도덕입니
다. 절대 변해서는 안 되는 것. 그 중에 신(信)이 들어가 있는 겁니다.
그러면 앞서 언급한 개념 중에 오륜에서 친(親), 의(義), 별(別), 서(序),
신(信) 했는데 부자유친은 여기 없죠. 군신유의할 때도 없고, 부부유
별할 때는 없어요. 장유유서할 때도 없어요. 오직 붕우유신할 때만 있
습니다. 따라서 인의예지신에서 신(信)의 위치는 친구 사이의 믿음에
대해서 얘기하는 겁니다.

ㄴ 교수님, 오륜은 뭐고 오상은 무엇인가요?

ᄉ 『맹자』와 『중용』에서 제시된 윤리사상이 오륜인데요. 오상은 한나라
　　시대 동중서라는 학자가 맹자가 주장한 인·의·예·지에 신의 덕목
　　을 더하여 오상이라고 명했습니다.

ㄴ 친의별서신이나 인의예지신이나 같은 말이네요.

ᄉ 그렇죠. 인의예지신, 이 오상에 맞는 방위가 있습니다. 인간의 질서는
　　자연의 질서를 본받는다고 했었죠. 그럼 동쪽은 해가 뜨는 곳이자 열
　　림의 시작이어서 봄이고 인(仁) 방향입니다. 그래서 해가 떠서 남쪽으
　　로 가서 서쪽으로 해가 집니다. 그러면 서쪽은? 닫히는 곳입니다. 해
　　질 때 칼 같이 석양이 지면서 마무리해 버리는 거예요. 그래서 칼 같
　　은 정의로움[義]이 있어야 합니다. 북쪽은 추운 지방이니까 냉철한 지
　　식이 필요해서 지(智) 방향입니다. 그래서 결론적으로 동쪽이 인(仁)이
　　고 서쪽이 의(義), 남쪽은 예(禮), 북쪽은 지(智)인 것입니다. 그리고 신
　　(信)은 그 가운데에서 인과 의와 예와 지를 컨트롤하는 겁니다.
　　이걸 예전 조선시대 사대문 안의 방향으로 따지면 동대문은 흥인지
　　문, 서대문은 돈의문, 남대문은 숭례문, 북대문은 홍지문 이렇게 되
　　는 겁니다. 물론 오늘날 서울의 북대문은 숙정문인데 인의예지신으
　　로 따질 때는 홍지문이에요. 그런데 가운데 자리에 위치하는 것이 신

오상(五常)

다섯 가지 불변의 도가 표현된 한양 도성의 건축철학

智
북대문(홍지문)

義
서대문(돈의문)

信
보신각

仁
동대문(흥인지문)

禮
남대문(숭례문)

인간의 질서는 자연의 질서를 본받는다

(信)인데, 이게 어디냐면 사대문 안의 정 가운데인 보신각인 겁니다. 방향을 나타내는 사대문 안에 인의예지신이 다 들어가 있습니다.

조절의 최정점
'중용'

그런데 교수님, 공자님께서는 국가를 경영하는데 있어서 어떤 원칙에 따라 우선순위를 두어야 한다고 하신 말씀이 있으신가요?

여기에 대해서는 공자님이 확실한 말씀을 합니다.

『논어』「안연」에 보면, 어느 날 공자의 제자인 자공이 국가를 경영하는 문제인 정치에 대해 물은 적이 있습니다. 그때 공자는 이렇게 얘기합니다.

"백성이 잘살 수 있도록 식량을 풍족하게 만들고, 국방을 튼튼하게 하며, 백성이 정부를 믿고 따를 수 있도록 하는 일, 그것이 국가 경영의 기본이다."

그러자 자공이 구체적으로 따져 묻습니다. "그럼 부득이하게, 이 세 가지 가운데 한 가지를 포기해야 할 상황이 발생하면, 어느 것을 먼저 버려야 합니까?"

그러니까 공자가 하나씩 일러 줍니다. "국방을 튼튼하게 만들기 위해 강화한 군비를 감축해야 한다."

이에 자공이 또 캐묻습니다. "부득이하게, 나머지 두 가지 가운데 한 가지를 포기해야 할 상황이 발생하면, 어느 것을 버려야 합니까?"

그러자 공자는 위대한 언급을 합니다.

"식량을 충족하는 정책을 다시 생각해야 한다. 식량은 삶의 문제와 연관된다. 그래서 아주 중요하다. 하지만 잘 생각해보라. 사람은 모두 죽기 마련이다. 그런 점에서 식량을 충족하는 것보다 더 중요하게 고민해야 할 근본이 있다. 바로 믿음, 신뢰다. 백성들에게 믿음을 주지 못하면 국가는 결코 지탱할 수 없다!"

└ 네, 정말 오늘날 정치가들이 꼭 새겨들을 만한 말씀을 하셨네요. 그러면 다시 본론으로 돌아와서 믿을 신(信)은 인간관계에서 어떤 역할을 하는 건지 자세히 말씀해 주시지요.

∧ 보신각이 사대문 안의 한가운데 있듯이, 신은 사람 사이의 관계에서 한가운데에서 조절하는 역할을 합니다. 바로 신(信)이라는 것은 친구 사이에 조절을 뜻하는 것입니다. 예를 들어서 친구 간에 치고받고 싸우는 다툼이 벌어졌어요. 그럼 어떻게 해야죠? 행위를 멈추게 하는 것도 방법이겠지만, 그것을 가장 좋은 방향으로 조절할 수 있는 게

바로 믿음입니다. 자, 믿음이란 것은 조절의 최정점을 의미하는 겁니다. 우리가 믿음이라고 할 때 "난 너를 믿는다."고 말하지만, 믿는다는 의미는 서로 관계를 잘 맺을 수 있게 조절한다는 겁니다.

사방을 가장 잘 컨트롤 할 수 있는 가운데에서 최적의 상황을 만들 수 있게 조절하는 최고의 위치가 믿음이라는 것이고 그걸 할 수 있는 게 바로 친구라는 겁니다.

┗ 혹시 공자는 인간관계에 있어 '친구는 어떤 사람을 만나라' 이렇게 정의한 것은 없나요?

︿ 물론 공자는 단적으로 얘기를 합니다. "학문과 덕성이 자기보다 못한 사람을 벗으로 사귀지 말라!"고 하지요. 그 말을 그대로 따르면 절대 자기보다 못한 사람을 친구로 둘 수 없게 됩니다. 공자가 그렇게 말한 맥락은 이렇습니다. "참된 사람은 모든 일에 신중해야 한다. 그렇지 않으면 위엄이 없어 보인다. 그리고 부지런히 배워서 사람을 사랑하는 마음을 지녀야 한다. 그렇지 않으면 고집스럽게 보인다. 어떤 경우에도 충실과 신의를 삶의 무게중심으로 삼고, 학문과 덕성이 나보다 못한 사람을 벗으로 사귀지 말며, 잘못이 발견되면 주저하지 말고 바로 고쳐야 한다." 이런 과정에서 충실과 신뢰 가득한 사람을 친구로 사귀라는 일종의 이상이자 염원입니다.

그래서 친구를 사귈 때 사귀는 스타일에 대해 다음과 같이 얘기합니다. "이로움을 주는 것에 세 가지 사귐이 있고 해로움을 주는 것에 세 가지 사귐이 있다. 정직한 사람과 사귀고 진실한 사람과 사귀며 많이 듣고 아는 사람과 사귀면 유익하다. 알랑대며 비위 맞추는 사람과 사귀고 줏대 없이 굽실대며 복종하는 사람과 사귀며 아첨하고 말 잘하는 사람과 사귀면 해롭다." 이 말이 그 유명한 익자삼우(益者三友), 손자삼우(損者三友)입니다.

ㄴ 그러면 교수님, 공자님께서는 친구와의 관계에 있어서 서로 믿는 신뢰에 대해서도 말씀하신 게 있나요?

ㅅ 공자는 그런 얘기를 안 했어요. 친구 간의 신뢰가 윤리로 확립되는 것은 맹자 때부터 나옵니다. 맹자하고 공자의 손자인 자사가 여기에 관해 얘길 했죠. 객관적으로 믿음이라는 것이 어느 날 갑자기 확 생기는 것이 아니고, 생활 속에서 끊임없이 만들어지는 겁니다.

ㄴ 이거 다른 말로 리액션!! 아닌가요? 왜 눈짓 한번 탁 하면 저쪽에서도 오케이 하고……. 척 보면 압니다!! 진심에서 나오는 그런 리액션!

ㅅ 그게 바로 호응이지요. 안 봐도 척척 아는 것. 그런 걸 보고 '믿음이 있다'고 하지요. 그런데 그것은 그 사람이 지금까지 해왔던 행동을 보고서 호응하는 겁니다. 그 사람의 심리상태나 그 사람의 행동 같은

누구를 사귈 것인가?

益者三友
익자삼우

損者三友
손자삼우

+

−

정직한 사람

진실한 사람

많이 듣고 아는 사람

알랑대며 비위 맞추는 사람

줏대 없이 굽신대며 복종하는 사람

아첨하고 말 잘하는 사람

것들을 봐왔기 때문에 할 수 있는 것이거든요. 그렇다고 예스맨은 절대 아니고요.

ㄴ 어찌 되었건 친구 사이에서는 신(信)이라는 그 믿음이 기운의 크기들을 적절히 조절하고 있기 때문에 관계가 유지되고 있다는 말씀이시네요. 그리고 굳이 믿는 사이에서는 믿는다는 얘기를 할 필요가 없는 거네요. 아이 러브 유(I love you) 안 해도 '척 보면 압니다'처럼……

ㅅ 사실 동양의 사상가들이 그걸 꿈꿨던 거죠. 근데 그게 안 되고 계속 욕심에 의해서 기울어지고 비뚤어지고 하니까, 교육적으로 '친구 간엔 믿음이 있어야 한다'고 계속 말을 하는 거예요. 말이 많이 나온다는 것은 뒤집어서 보면 그것이 잘 안 이루어지고 있다는 것이거든요. 그래서 우린 유추합니다.

ㄴ 어떤 유추요?

ㅅ 예를 들어서 신창호라는 친구가 '야, 우리집에 금송아지 있다' 자랑을 하잖아요. 그럼 그건 두 가지겠지요. 진짜 있거나 아니면 없는데 있는 척 하거나. 그런데 통계적으로 봤을 땐 없을 확률이 훨씬 높다는 겁니다. 그러니까 자꾸 있다고 떠드는 거고. 이것은 친구 얘기뿐만 아니라 부모자식관계도 친구관계를 대입해서 환원시킬 수 있죠. 또한 임

금과 신하도 친구로 환원시킬 수 있고, 부부도 친구로 환원시킬 수 있습니다. 가장 중요한 개념이죠. 그러니까 지금 얘기한 것처럼 '신뢰'라는 것에 대해서 정확하게 이해를 하면 이 사회를 굉장히 건전한 사회로 이끌어갈 수 있죠.

┗ 그럼 모든 인간관계에서 가장 중요한 것은 중간을 잘 유지해서 균형 있게 가는 거다, 이건데……. 이것이 중용을 말하는 거예요?

⌃ 중용(中庸)이죠. 모든 건 마지막에 가면 중용 차원으로 가요. 중용 속으로 들어가면 그 사상을 능가할 게 아무것도 없습니다. 전 세계에 아무것도 없습니다.

┗ 교수님, 듣고 보면 동양철학은 굉장히 실제적이네요.

⌃ 유학의 핵심 경전인 『중용장구』에 보면, 중용을 설명하는 가운데 실학(實學)이라는 말이 나옵니다. 이때 실제적인 학문은 마음을 어떻게 쓰느냐의 구체적인 문제를 말합니다. 무슨 자연과학이나 기술을 사용하는 그런 실제적 학문이나 도구적으로 쓰이는 그런 학문을 의미하는 것이 아닙니다. 마음 씀씀이라고나 할까요? 그 장면을 한 번 봅시다.

"정자*가 말했다. '치우치지 않는 것을 중(中)이라 하고, 바뀌지 않는 것을 용(庸)이라 한다. 중은 세상의 바른 길이고 용은 세상의 정해진 이치다. 중용은 공자 이후로 전수되어 온 심법(心法)이다. 그것이 자사(子思)에게 이어지고 맹자(孟子)로 이어졌다. 마음 씀씀이를 정확하게 다루고 있는 『중용』은 진실한 학문, 실학을 담고 있다. 그러기에 처음에는 세상의 이치를 한꺼번에 밝혔고, 책의 중간에는 그 이치가 모든 일에 적용되고 있음을 보여주며, 끝에 가서는 다시 정돈하여 하나의 이치가 되는 모습을 보여준다. 이런 장면을 풀어 놓으면 우주에 가득하고 거두어들이면 은밀한 듯 감추어져 그 맛이 무궁하다. 이것이 다름 아닌 진실한 학문인 실학이다!"

┗ 오호, 중용은 진실한 학문, 실학을 담고 있다!

▲ 그런데 왜곡되어서 알거나, 자기가 직접 파악하지 않고 안다고 착각해서 자꾸 개념 없이 동양철학을 이해하는 거죠.

---

* 정자 정이(程頤, 1033~1107) : 중국 북송(北宋)시대 유학자. 형 정호와 함께 주돈이에게 배웠고, 형과 아울러 이정자(二程子)라 불리며 정자 주자학의 창시자로 알려졌다. 그의 철학은 주자(朱子)에게 계승되었다.

호연지기란 마음의 중심을
단단히 다지는 노력

∧ 남 작가, 기(氣) 하면 얼핏 떠오르는 게 뭐예요?

ㄴ 글쎄요…… 기…… 우주의 기운? 염력? 거부할 수 없는 카리스마? 살아있는 사람의 기운? 기가 센 언니들? '고집이 세겠구나' 할 때 그 기? 또…… 음……. 도인들?

∧ 남 작가가 짐작하는 대로 사람들은 기를 떠올리지요. 대부분의 사람들은 기(氣) 하면 기공(氣功), 태극권(太極拳), 기 치료(氣治療) 이런 식으로 말한단 말이에요.

ㄴ 어 맞아요. 저도 기 치료란 말이 생각 안 나서 말씀 못 드렸어요.

∧ 거기에서부터 오류가 생깁니다. 동양사상이 갖고 있는 자연세계, 우주 이 자체가 하나의 거대한 기의 덩어리라고 볼 수 있습니다. 이 기라는 것은 시간과 공간과 여러 가지 상황에 따라서 소위 강물 흐르듯이 자체의 흐름이 있는 것이지 '기를 내가 너한테 나눠준다'라는 말 자체는 기를 사이비적으로 이해한 것입니다.

∟ 왜 기가 세다, 약하다 이런 얘기는 하잖아요.

∧ 그렇죠. 분명 그건 있습니다. 여성보다는 남성이 힘이 더 세죠? 그리고 물리적으로 뼈나 골격이 튼튼하고 큰 사람이 있잖아요? 그런 사람은 분명히 기가 세겠지요. 선천적이든 후천적이든 그게 다 있습니다. 그런데 그것은 사람이 갖고 있는 기의 양의 크고 작음을 말하는 것이지, 어떤 사람은 기가 있고 어떤 사람은 기가 없고 그런 것은 없습니다. 기는 눈에는 보이지 않지만 우주자연과 동일시되는 포스(force), 힘입니다. 에너지죠. 풍선 같은 것을 보면 기압, 공기압 하잖아요. 그것처럼 세면 약한 쪽으로 흘러가게 돼 있고, 흘러가지 않으면 터져버리게 됩니다. 그런 형태에요. 물을 보면 알 수 있듯이 높은 곳에서 낮은 곳으로 떨어지기도 하죠. 그러니까 이 기라는 것은 다양한 방식으로 표현할 수 있습니다.

∟ 오!! 그러면 이 세계에 존재하는 모든 것들을 기의 덩어리라고 보면

되요? 어떤 느낌일까……. 음, 지금 우리 지구를 감싸고 있는 오존층 같은 그런 느낌이라고 생각하면 될까요?

ᐱ 그렇죠. 그것도 기고, 흙도 기고 우리 사람 자체도 기고 다 기에요. 그 러니까 기라는 것이 과연 무엇이냐? 규정할 수 없죠. 다만 많은 사람 들이 에너지다, 힘이다, 물질이다, 이렇게 얘기를 하지요. 거기서 조 그맣게 파생시켜 나오는 것이 바로 활력입니다. 여기 커피가 있거나 물이 있다 칩시다. 이것도 기잖아요. 그럼 어떻게 해야 됩니까?

ᐠ 마시면 되요.

ᐱ 마시면 어떻게 돼?

ᐠ 갈증이 해소되겠죠?

ᐱ 그럼 뭐가 나와요?

ᐠ 으…… 음……. 맛있게 마셨으니까 힘이 나오려나?

ᐱ 그렇지!! 마시면 활력이 나오죠. 살아 움직이는 힘이 나오죠. 그런데 기 자체는 절대 활력이 아닙니다. 기 때문에 활력이 나오는 거지. 기

(氣) 자의 밑에는 쌀 미(米) 자가 있잖아요. 그 쌀 미(米) 자가 기의 핵심입니다.

┗ 어어어…… 이거 쌀 미(米)……. 응? 그럼 기가 밥이란 말이에요? 밥을 먹으면 활력이 나는 거라고요?

ᐱ '기' 자는 그냥 소리에요. 그냥 쌀이죠. 그런데 쌀이라고 해서 영어로 라이스(rice)만을 지칭하는 것은 아니고, 우리가 먹어서 무엇으로 될 수 있는 것, 외부로부터 우리에게 와서 힘으로 나올 수 있는 모든 것. 그러니까 우주에 존재하는 모든 것들이 다 기입니다.
기 자체는 절대 힘이 아니에요. 여기의 기 덩어리를 통해서 또 다른 기가 나온단 말이죠. 활력을 통해서 사람이 활동을 하고 또 무언가를 하잖아요. 사실 기가 나오는 게 아니라 기를 통해서 힘이 나오는 거라고 봐야 합니다. 커피를 마심으로 인해서 피가 잘 돌고 대화가 원활하게 된다? 그런 게 다 기죠.

┗ 교수님, 젊은 시절에는 A라는 사상을 가지고 살았는데, 나이가 들고 보니 그게 아닌 것 같다며 B라는 사상으로 바뀌는 사람이 있잖아요. 음 홍상수 영화 제목처럼 '지금은 맞고 그때는 틀리다' 뭐 이런 거……?

▲ 마음에는 밝은 것, '나는 이 길로 간다' 하는 것을 두고서 상황에 따라서 선택을 하거나 행동을 하는 것이 달라져요. 그게 중(中) 자예요. 태극기가 이렇게 서 있잖아요. 태극기에 바람이 불면 깃발이 펄럭여요. 그러면 내가 그림을 오른쪽으로 그렸어, 그러면 이건 왜 이렇게 그렸을까? 바람이 왼쪽에서 불어서입니다. 바람이 오른쪽에서 불면? 왼쪽으로 펄럭이겠죠. 이게 가운데 중 자예요. 왔다 갔다 할 수 있죠. 그런데 고정되어 있는 것이 있어요. 깃대는 움직이지 않죠. 이게 마음입니다. 그런데 기회주의자들은 이 깃대 자체가 없는 겁니다. 깃대 자체가 없으니까 젊을 때는 이랬는데 늙으니까 이런 게 옳다고 얘기하는 것은 마음 자체에 아무것도 없이 바람 부는 대로 그냥 펄럭이면서 가는 겁니다.

└ 교수님, 그러면 혹시……. 깃대가 없었던 사람이 깃대를 꽂을 수 있을까요?

▲ 유교의 가르침은 모든 사람은 깃대를 가지고 있다고 돼 있습니다. 깃대 없는 사람은 없어요. 그것을 성선설(性善說)이라고 합니다. 사람은 다 착한 마음을 갖고 있다, 그게 깃대입니다. 착하게 될 가능성을 갖고 태어나는데 – 이 깃대를 얼마만큼 단단하게 하느냐, 물렁물렁하게 부러지게 하느냐가 바로 교육이고 개인의 노력 여하에 달려 있다는 거죠.

ㄴ 아 그럼 깃대를 단단하게 하는 노력을 항상 해야겠네요.

ㅅ 그걸 채워나가는 것이 지금 얘기한 기(氣)에요. 기를 호연지기(浩然之
氣)[13]라고도 합니다. 이 유명한 호연지기는 『맹자』에 자세히 나와 있
습니다. 맹자는 호연지기에 대해 말하면서 호연지기는 우주자연에
꽉 차 있고 우주자연에 성대하고 충만해질 수 있는 공명정대한 기운
이라고 말하죠. 또한 그 기운은 의리와 도리가 합쳐진 것으로 사람이
호연지기가 없으면 마음이 허해지고 멍해진다고 말해요. 그리고 호
연지기를 몸에 충만하게 기르는 건 정의롭게 살면서 의리가 쌓이고
쌓이면 생겨난다고 하죠.
호연이라는 말은 내 마음속에서 기가 활활, 기분이 업(up) 되서 활활
타오르는 것을 의미합니다. 기분이 쓰러질 듯이 좋다 하잖아요. 기분
이 쓰러질 듯이 좋으면 안 흔들립니다. 그런데 기회주의자들은 아무
것도 없이 연체동물처럼 이리 갔다 저리 갔다 하죠. 그런데 깃대 있
는 사람은 어떤 바람에도 아무렇게나 흔들리지 않습니다.

ㄴ 마음이 동요되고 흔들리면 어쩌죠?

ㅅ 기가 응집되어 있어야 하는데 흩어지면 그게 없어지는 겁니다. 그래
서 늘 기를 꽉 모아서 마음을 잡고 있는 것이 중요한 겁니다.

ㄴ 교수님, 요즘엔 어떤 사람들은 대출받듯이 기를 내어준다는 사람도 있잖아요. 왜, '기 좀 불어 넣어라' 이런 것처럼 말예요

ㅅ 인위적으로 기를 막 모으거나 하면 굉장히 위험합니다. 왜냐면 모든 사람들은 자기의 기를 담을 만큼의 그릇이 있기 때문입니다. 여기에 500그램이 들어간다고 하면 600그램이 있다고 해도 다 담을 수 없어요. 근데 이게 늘어나는 거라면 담을 수 있겠죠. 그런데 동양에서는 내가 받아들일 기의 양, 내가 담고 있을 기의 양, 그리고 기로 인해서 나올 힘 이런 것들이 무한정이라고 보지 않습니다. 그러니까 그걸 적절하게 담아야 하는 것이 중요한 것이죠.

ㄴ 교수님, "될 성 부른 나무는 떡잎부터 알아본다."라는 말도 있잖아요. 그럼 깃대를 100개를 타고난 사람이 있다는 말씀인가요?

ㅅ 동양철학에서는 자기가 타고난 본성, 그것대로 살라고 했습니다. 10개의 재능을 가지고 있는 사람이 10개를 다 발현했어요. 그런데 어떤 사람은 100개의 재능을 가지고 있는데 90개밖에 발현하지 못했어요. 그러면 동양사상에서는 앞사람이 더 훌륭한 사람이에요. 그러니까 앞사람은 자신이 가지고 있던 10개의 능력을 다 발현한 것이고 뒷사람은 앞사람보다 능력이 열배나 높지만 자신의 능력을 다 발현하지 못한 겁니다. 대신에 이 사람은 최고지도자가 될 수 있고, 10개의 재

능을 가지고 있는 사람은 그냥 농사지으면 됩니다. 10개의 능력을 가지고 농사지으면 되니까 똑같은 겁니다.

┗ 아하! 동양철학이 보는 인간의 능력은 그런 거군요.

▲ 인간이 갖고 있는 능력을 그렇게 보죠. 그런데 더 중요한 것은 율곡 선생도 공자도 언급했는데요. 일반 사람이나 최고의 능력을 지닌 성인이나 본성은 똑같다고 봅니다.

도(道),
'마땅히 내가 가야 할 길을 가는 것'

L   우리가 보통 '도를 아느냐'는 말을 많이 듣는데 이때의 도는 뭘 말하는
거예요? 도가에서의 도도 있고, 유가에서의 도도 있고, 도를 닦는다는
것이 수도를 말하는 건지? 아니면 다른 심오한 뜻이 있는 건가요?

∧   지금 현재 당신의 길은 뭡니까?

L   응……. 직업적으로 사람을 웃기는 개그철학을 가지고 방송에 충실하
면서 그것에 따라오는 부수적인 수입을 가지고 생계를 운영하는 것.

∧   그게 수도(修道)입니다. 수도라는 것은 닦을 수, 마름질하다라는 뜻이
에요. 마름질한다는 것은 재단(裁斷)한다는 겁니다. 마름질할 재(裁),
자를 단(斷)이죠. 옷감을 가져와서 옷을 만들려면 어떻게 해야 하죠?

입는 사람 체구에 맞게 잘라야 할 것 아니에요. 그걸 마름질한다고
합니다. 그러면 내가 길을 가는데 길을 어떻게 갈 것인지, 가다가 보
면 앞에 걸리적거리는 것도 있고, 돌부리도 있잖아요? 그때 장애물을
돌아서 가든지, 그것을 치우고 가든지 해야 할 거 아니에요. 그런 게
마름질입니다.

ㄴ 그럼 제가 교수님을 찾아와서 '동양철학을 배워야겠다' 이렇게 하는
것도?

ㅅ 다 마름질이지요. 수는 방법의 강구에요. 길은 이미 정해져 있어요.
사람들이 자꾸 길을 잘 닦아야 그 길로 간다고 생각하잖아요. 다른
사람이 닦아 놓은 길을 갈 수도 있고 내가 닦으면서 가는 길도 있습
니다. 이미 닦여져 있는 길은 다른 사람이 간 길이죠. 개그맨 선배들
이 다 간 길입니다. 그런데 남이 간 길 속에서 내가 가다 보니까 선배
들이 느끼지 못한 것, 아니면 선배들은 잘 헤쳐 갔는데 내가 못 헤쳐
가는 게 있더라. 그걸 헤쳐 가는 게 '수도(修道)'에요. 대신에 앞에 뭘
붙여야 되느냐면 수도라는 말을 쓰려면 요새말로 잘 가야 됩니다. 잘
가면 수도인 겁니다. '잘'이라는 말 속에는 이미 온갖 방법을 강구해
야 한다는 의미가 내포돼 있습니다. 그게 수입니다. 그러니까 그 길은
사람마다 다 다르죠.

ㄴ 조용한 곳에서 벽 보고 명상하는 게 도 닦는 게 아니었네요.

ㅅ 많은 사람들이 도 닦는다고 하면 명상, 한 가지 길만을 생각합니다.
그게 잘못된 거죠. 예를 들어서 신창호하고 남정미하고 둘이 여기서
명상을 하잖아요. 그러면 둘은 다른 겁니다. 그런데 같다고 생각하죠.
목적도 다른데 말이에요..
'도를 아느냐?'고 하면 도를 알 필요가 뭐가 있어요. 내가 이미 알고
가고 있는데. "도를 아십니까?" 이 말 자체는 이미 내가 어디로 가고
있는지 모르고 있다는 말이에요. 거꾸로 얘기하면 농부들에게 가서
이런 말을 하면 뭐라 그러는지 아세요. "야, 이 자식아 저리 가, 일하
기도 바빠 죽겠는데." 이런 소리밖에 못 듣습니다. 열심히 일하고 있
는 사람은 열심히 도를 닦고 있는 겁니다.

ㄴ 그럼 수도승은 아직 도를 모르는 사람인가요?

ㅅ 수도승이라고 얘기했을 때는 스님들은 깨달음을 못 얻었잖아요. 그
러니까 구도승, 계속 도를 구하러 가는 거죠. 자기 길이 뭔지 모르니
까 그냥 가는 겁니다. 정처 없이. 그러니까 스님들은 깨달음, 그 자체
가 궁극 목적이기 때문에 깨달을 때까지 계속해서 갈 뿐이죠. 없으니
까 깨닫기 위해서 가야 하는 겁니다. 그런데 그걸 일반 사람들이 한
다? 잘못된 거죠.

우리는 일이 있잖아요. 일이 있는데 왜 별도로 구해야 됩니까. 우리는 일하면서 이미 자신의 길, 자기의 도를 깨우치고 가는 것입니다.

제3장

우리가 몰랐던
동양철학의 쓸모

패배의식과 선망의식 사이에서
길 잃은 동양철학

ㄴ 서양에서는 공자를 인정하나요?

ㅅ 서양의 동양학 연구자들은 상당수가 동양학이 가지고 있는 장점을
서구사상의 보완책으로 삼고자 합니다. 서구사회는 100%는 아니지
만 거의 100%에 가깝게 가톨릭이나 기독교 계통입니다. 서양철학은
성서가 가지고 있는 이론과 기독교적인 것을 중심으로 하는 헤브라
이즘과 플라톤, 아리스토텔레스를 전통으로 삼는 헬레니즘을 철학의
기반으로 삼습니다. 동양철학과는 특성이 확연히 다르죠. 다른 만큼
그 사람들은 동양철학을 통해서 서구철학이 갖고 있지 않은 점을 아
주 높게 삽니다. 장점이 많다고 봐요. 그래서 그런 부분들을 서구철학
의 보완책으로 연구를 하려고 합니다.

ㄴ 서양에선 그렇게 동양철학이 좋다고 하는데!! 왜 우리는 쓸모없고 촌스럽다고 생각하고 잘 들여다보지 않는 거예요?

ㅅ 원래 문화라는 게 그렇습니다. 미국을 중심으로 해서 동양학이 활발하게 연구되고 있지만, 90%의 주류는 여전히 미국학이에요. 미국중심으로 쭉 가요.

그런데 우리나라는 왜 그러냐? 왜 서양 것이 물밀듯이 들어와서 열광적으로 받들어졌느냐. 그것은 우리나라의 역사와 연관되어 있어요. 이런 얘기를 하면 반발하는 사람도 많이 있어요. 그러나 내가 볼때는 솔직하게 인정할 것 중의 하나가 우리나라가 너무 못난 구석이 많아서 이에 대한 실망이 서구문화에 대한 절대적인 동경으로 나타난 것이라고 생각합니다.

가장 가까운 역사인 조선시대만 볼게요. 1392년에 조선이 건국되고 한 200년 지난 다음에 1590년에서 1600년대에 끊임없이 외국의 침입을 받고 나라가 뒤집어져요. 임진왜란 때는 선조라는 임금이 나라를 버리고 도망갔습니다. 신의주까지 도망해서 명나라에 망명을 신청했어요. 이런 나라를 이순신 장군이 겨우 지켜내고, 명나라 장수들이 와서 나라가 망할 위기를 겨우 넘깁니다. 왜구들이 노략질하는 것도 하나 못 막고 비실비실하는 겁니다. 그러면서도 정신을 못 차리고 소중화(小中華), 문화민족 어쩌고 하면서 헛소리만 하고 있어요.

거기서 일반 민중들은 허탈감을 느낍니다. 그것이 패배주의로 연결

됩니다. 그러고는 19세기 후반 20세기 초반에 와서 일본의 식민지가 되죠. 또 한 번 한국인들은 패배감에 몸 둘 바를 모릅니다. 그러면서 서구 학문들이 쭉 들어오게 됩니다. 서구는 대부분 열강들이잖아요. 강대국이란 말이죠. 거기에 '뿅' 가는 거죠. '저걸 받아들여야 되겠다' 조금이라도 생각이 있는 사람들은 너도나도 그렇게 마음먹게 되는 겁니다.

└ 지속적으로 계속 되어온 못남과 패배주의가 원인이었네요…….

∧ 안타깝게도 우리의 못남이 서양에 대한 추앙으로까지 나아가게 된 거죠. 언젠가부터 한국인들은 조선이나 유학적 사고방식은 우리에게 희망을 주기보다는 어떤 패배감을 안겨줬다고 생각하게 됩니다. 이런 것들이 서구열강이 가지고 있는 대포라든가 과학문명을 통해 서구문화는 굉장히 강한 어떤 것을 가지고 있다는 선망이 돼버리죠. 서구문화에 대한 선망이 깊어지면서 많은 사람들이 서구식으로 꾸미려고 노력합니다.

물론 우리나라도 80년대 이후로 우리 문화, 우리 역사를 바로 보자는 문화 주체성 운동이 일어납니다. 대학가에서는 '써클'이라는 말을 '동아리'라고 하고, 태극기 문양으로 우리 민족의 자부심도 올리고, 한글로 디자인한 옷도 입고 그랬죠.

하지만 지금까지도 우리 것은 괜히 촌스럽고, 영어를 섞어야 좀 있어 보인다는 식의 문화적 패배주의에 휩싸여 있어요. 이런 여러 가지 요인들이 우리에게 보이지 않는 패배주의를 조장하고 있습니다. 또한 우리를 지배했던 사람들에 대해 역으로 선망의식이라든가, 이런 것들을 아직도 갖고 있습니다. 아무튼 우리는 이런 패배주의와 자국중심주의가 아직도 서로 상충하고 있죠. 그래서 우리 같은 경우는 한국학을 한다? 그건 아주 소수죠. 저 같은 경우도 '개념있는 동양철학'을 하자며 고민을 하지만 이 자체도 일종의 패배주의와 선망의식 사이의 갈등이에요.

┗ 그럼 서양철학을 하는 게 좀 더 있어 뵌다? 서양철학이 조금 더 쉽다? 그렇게 이해하면 되는 건가요?

∧ 쉽고 어려운 차원이 아니죠. 그 사람들이 가지고 있던 문명이 세계를 지배했잖아요. 서구문명을 제일 먼저 받아들인 게 일본이에요. 1800년대 이후죠. 앞서 지도에서 보면 태평양의 한 가운데 일본이 있잖아요. 그러니까 서양 사람들이 배타고 일본으로 왔습니다. 제일 먼저 들어온 게 네덜란드에요. '화란'이라고 했는데요. 나가사키 항에 네덜란드 상인이 들어옵니다. 이걸 일본이 받아들여요. 그게 일본 전역으로 확 퍼집니다. 그러면서 명치유신*도 일어나고, 일본은 서구의 맛을

---

* 명치유신 : 메이지유신이라고 함. 19세기 후반 일본의 메이지 천황 때에, 에도 막부를 무너뜨리고 중앙 집권 통일국가를 이루어 일본 자본주의 형성의 기점이 된 혁명.

제대로 보게 되죠.

자, 예를 들어서 저기 김모란 사람이 뭔지는 모르지만 돈도 좀 있는 것 같고, 정신적인 유산도 있는 것 같고, 말도 고급스럽게 합니다. 생긴 것도 별로이고 등도 굽었는데도 쓱 와서 지배를 해요. 주인 행세를 하는 거죠. 그러면 웬만큼 의식화 되지 않은 상황에서는 힘이 들어오면 좋은 사람으로 인식되게 됩니다. 그게 선망이에요.

우리가 그런 과정을 최소한 300년 이상은 겪게 됩니다. 임진왜란 이후로 외부의 자극이 수시로 일어났습니다. 임진왜란 때 왜놈들이 들어왔지, 조금 지나서 1700년대 후반 1800년대 되면 천주교가 들어와서 한 200년 우리 정신을 지배하게 되지요. 그리고 임진왜란 때 중국에는 청나라가 세력이 발흥합니다. 그런데 청나라는 한족 입장에서는 오랑캐란 말이죠. 오랑캐가 중국을 지배하고 서구문물을 받아들이죠. 『천주실의』* 같은 것들이 들어와서 조선의 사대부들이 충격을 받습니다.

ㄴ 오랑캐들을 인정하지 않았던 조선 아닌가요!

ㅅ 오랑캐는 쉽게 말해서 공포의 외인구단이었지요. 바깥에서 별 볼일 없다고 생각했던 서구 오랑캐들, 중국 내에서도 변방의 추장들, 이런

---

* 『천주실의』 : 로마 가톨릭교회의 교의를 변증한 기독교 서적이다. 동양사상에 정통한 예수회 선교사 마테오리치 (Matteo Ricci, 1552~1610)가 1603년에 출간함.

족속들이 들어와서 주체를 형성해가면서 힘을 얻는 겁니다. 서구의 동양 진출에 대해 조선은 자체적으로 해결을 못한 거예요.

또한 1900년대 와서는 36년 간 일제강점기를 겪습니다. 그리고 해방 공간도 잠시, 6.25가 일어나죠. 우리 남한의 이승만 정권은 북한을 자생적으로 방어를 못했어요. 그때 누가 구해 주죠? 미국을 중심으로 한 유엔군이 들어와서 남한을 구해 줍니다. 그러니까 유엔군에 대한 선망이 있지요. UN은 우리를 살려준 곳, 그리고 우리는 절대 따라 갈 수 없는 것, 이런 선망을 하게 됩니다. 당시 우리나라는 세계 최빈국이었어요. 전 세계에서 가장 가난한 나라였죠. 지금 세대들은 그걸 모릅니다. 그러다 보니까 불과 몇 십 년 전의 한국인에겐 온통 패배주의만 있는 겁니다. 물론 30년 상간에 OECD 국가가 됐죠.

ㄴ 우리가 수난의 역사를 보내면서……. 온몸과 맘에 지워지지 않는 패배주의가 '배인' 거네요.

ㅅ 지금의 2030세대들이 태어난 80년대 90년대, 이때에는 올림픽을 치르면서 우리가 선진국으로 올라섰어요. 그러니까 이러한 한국의 패배주의를 이해를 못합니다. 그러면서 북한이라든가 우리보다 조금 못 사는 나라는 슬슬 깔보기 시작하죠.

ㄴ 그럼 요즘 젊은이들은 그 패배주의라는 것이 없는 것 아닌가요?

패배주의를 모르죠. 경험이 없으니까. 이 세대는 소위 베이비부머 세대의 자녀들로 어렸을 때부터 영어를 비롯한 IT환경을 적극적으로 수용한 세대예요. 그런데 아이러니하게도 한문교육은 잘 받지 않아 한자문화에 대해 잘 모릅니다. 이런 배경 탓에 서구문화나 기술을 좋아하고 동양문물이나 동양철학은 다소 부담스럽고 낯선 학문으로 받아들이는 경향이 있습니다. 그럼 그것을 극복하기 위해서 무엇을 준비해야 하느냐? 이전이 돼야 하는데, 문명 이전이 안 됐죠. 나 같은 우리 세대 책임입니다. 우리 자식들한테 이론적으로 우리가 여기까지 오는 데는 민주화의 피를 먹고 자랐다는 것을 가르쳐야 하는데, 그래서 역사를 배워야 하는데 교육부가 역사를 안 가르쳤단 말이죠. 지금 중학교 고등학교에서 국사가 선택과목이 됐어요. 우리 때는 국사라는 걸 중고등학생이 의무적으로 배웠어요. 지금 세대들은 역사를 안 배웠으니까 뭐가 뭔지 모릅니다. 세계 최고의 자유국가라는 미국도 우리나라처럼 역사를 선택과목으로 놔두지는 않습니다. 미국이나 다른 모든 나라에는 역사가 각 주별로 필수과목이에요. 변호사가 되려면 주의 역사를 배우지 않으면 안 됩니다. 우리는 지금 애들한테 물어보면 단군이 뭔데? 그렇죠. 그리고 역사를 배운다고 해도 한국 근대사만 배우죠. 이렇게 해버리니까 뭘 모르는 겁니다.

그럼 아예…… 차라리 몰라 버리는 게 낫지 않을까요?

∧ 그럼 정체성이 없죠. 한국에서 살 이유가 없죠. 그러니까 유승준 같은 개념 없는 연예인이 생겨 버리는 겁니다. 걔가 거기 가서 뭘 해요? 아무것도 못해요. 그리고 가끔 걔가 영화에 나오기도 하잖아요. 그건 미국의 필요에 의해서 한 겁니다. 거기는 할당이 있어요. 예를 들어 흑인들에게 국회의원을 몇 줘야 한다, 유색인종에게 몇 줘야 한다, 그런 게 있어요. 그러니까 우리가 자꾸 개념 없이 한국인 최초의 뭐라고 하잖아요. 그게 자기가 잘나서가 아니에요. 착각하면 안 된다는 겁니다. 그건 그냥 주류사회에서 제도적으로 하는 겁니다.

지금 미국이라든가 중국이라든가 이런 나라 사람들은 자국을 떠나서는 살 수 없다는 의식이 팽배해 있어요. 그런데 우리는 돈 있으면 나가서 산다고 말합니다.

∟ 맞아 맞아.

∧ 그게 벌써 아이덴티티(identity)가 흐려진 거죠. 내가 볼 때는 일종의 패배주의가 거꾸로 발현된 거예요.

어릴 때부터 교육을 통해서 정체성을 공부해야 하는데 안 되죠. 그러니까 의식화도 돼야 되고 사고를 통해서 나의 정체성을 깨우쳐야 해요.

∟ 그럼…… 교수님……. 이 시대를 살고 있는 우리는 어떤 '마인드'로 살아야 할까요?

현실을 직시하면서 배워야죠. 앞으로 세월호 같은 사건 안 일어날까요? 미안하지만 앞으로도 계속 일어납니다. 그런데 어떻게 대처하고 준비하느냐에 따라서 달라집니다. 이것이 교육이 필요한 이유죠. 그런데 사람들이 자꾸 착각을 합니다. 다시는 이런 일이 없어야 한다고. 아니요, 계속 일어납니다. 앞으로 더 크게 일어나면 일어났지 안 일어나지 않습니다. 인간이 과학기술문명으로 더 크게 일어날 조건들을 다 만들어놨기 때문입니다.

일본 봐요. 후쿠시마 원전 사고로 박살나잖아요. 우리 제2롯데빌딩 그거요 무너지면 끝납니다. 또 두바이에 세계에서 제일 높은 호텔 있잖아요. 지진나면 박살나요. 멋있어 보이죠. 그거야 말로 사상누각인 겁니다.

자 원전을 한번 봅시다. 원전을 건설해서 전기를 공급하고 에너지 수급을 원활하게 한다는 차원에서는 과학기술문명의 혜택을 입었죠. 그런데 그 원전의 수명이 다하거나, 다른 요인에 의해서 재앙으로 돌아온다고 한다면 그건 과학기술문명의 폐해인 거죠.

이런 상황들을 극단적으로 말하는 사람들이 있습니다. 원전을 에너지로 이용해야만 전기를 효율적으로 활용할 수 있다는 사람도 있고, 원전은 하면 안 돼 하고 아예 반대론을 펴는 자도 있습니다. 그런데 여기서 중용이라는 균형추를 잘 잡아야 합니다.

아예 처음부터 핵을 안 쓰는 나라가 있거든요. '야, 우리나라에는 핵 안 넣어. 우리는 유기농 친환경으로 갈 거야. 처음부터 끝까지 그렇게 갈 거야. 만약 필요하면 외국에서 사서 쓰면 되지' 하는 거죠. 이때 중요한 것이 지도자의 자세입니다.

우리나라는 어때요? 다 섞여 있잖아요. 지난 시간에 중용(中庸)을 이야기할 때 깃대가 있어야 휘날린다고 했죠? 우리는 휘날리기만 하고 깃대가 없는 것과 마찬가지 사고를 하고 있습니다. 마음의 심지가 없다는 거죠. 깃대가 있는 것, 마음의 심지가 있는 것. 그걸 우리가 개념이 있다고 표현하는 겁니다. 결국 개념을 잡아야 하는 겁니다.

박제가 된 전통을
어떻게 할 것인가

아 지금까지 교수님 말씀을 들으면서 '와, 정말 동양철학 너무너무너무 나한테 딱 맞는 것이구나' 싶거든요. 이 동양철학을 '촌스럽다, 비과학적이다'라고 생각하는 사람이 굉장히 많잖아요. 그 사람들한테 동양철학은 결코 비이성적인 게 아니다, 뜬구름 잡는 말들이 아니다 ~ 비과학적이지 않다는 것을 설명할 수 있을지요? 아 참 좋은데, 정말 좋은데 설명할 방법이 없네?

먼저 고전을 읽어 보기를 추천합니다. 동양고전을 읽어 본 사람들은 동양철학이 이성적인 차원, 감성적인 차원, 합리적인 차원에서 우리 생활에 얼마나 큰 도움이 되는지를 몸소 깨닫게 됩니다. 그런데 안 읽어 본 사람들은 이미 서양철학이 우월적 지위를 갖고 있다고 판단하고 '동양철학은 볼 것 없겠다'고 단정지어 버리지요. 그러나 진지하게 '인의예지신'이라든가 '도가가 갖고 있는 자연철학적 사유'라든가 '불교가 갖고 있는 공(空)의 정신'을 접하면 동양철학이 결코 고리타분한 것, 낡은 것이 아니라는 것을 알게 됩니다.

┗ 서양철학에 대한 환상으로 더 우월하다고 생각하는 사람에게는 먹히지 않는 건가요?

∧ 촌스럽다고 여기는 것은 벌써 비교의 대상에 차별적인 시각을 들이대는 것입니다. 문화라는 것은 어떤 것은 우월하고 어떤 것은 열등해서 촌스럽고, 이런 것이 없습니다. 문화에는 어떤 것이 있다고 했어요?

┗ 문화는 차별이 아니고 차이가 있겠죠.

∧ 그렇죠. 그래서 그건 '독특하다'고 해야 맞는 말입니다. 예를 들어서 남자와 여자가 있으면 남성은 남성의 특성이 있고 여성은 여성의 특성이 있는 겁니다. 경상도나 어디 잘못된 유학자는 '에이 여자가 끼고 있어, 여자가 어디' 하는 생각을 하곤 합니다. 그 생각이 잘못된 거죠. 유학을 제대로 배웠던 퇴계선생이나 율곡선생이나 이런 분들, 영남학파, 기호학파, 그런 분들은 부인에게 전혀 그렇게 대하지 않아요. 어중이떠중이들, 잘못 배우고 뭔가 우월한 것이 있다고 잘못 판단한 존재들이 '에이 그거 필요없어' 그런단 말이죠.

그래서 공자가 이렇게 얘기해요. "말만 보고서 사람을 등용하지 마라. 불이언거인(不以言擧人). 그리고 사람만 보고 말을 무시하지 마라. 불이인패언(不以人廢言)."

L 교수님, 그래도……. 염려가 되는 것이요.
동양철학에 나와 있는 내용들이 우리 사회를 살면서 굉장히 큰 도움이 된다고 하더라도 우리나라는 좀 특수한 상황의 나라라고 생각되거든요. 기형적으로 발전한 이 대한민국이 동양철학에 맞지 않는 것들도 있을 거란 말이에요. 단군 이래 최대의 '스펙'을 갖춘 대한민국 젊은이들은 서양철학이 우월하다 생각해서 동양철학이 뭔지를 모르고 있을 거예요. 이건 절름발이 철학 아닐까요?

∧ 그러니까 지금 우리가 얘기하는 동양철학의 경전, 고전이라고 하는 것들이 박물관 속에 들어가 있는 유물이 돼버렸죠. 전통이라는 말이 있죠. 전통이라는 말을 잘 알아야 되요. 전통 하면 남 작가는 어떻게 생각됩니까?

L 뿌리가 하나 잘 박혀 있어서 거기서부터 지켜야 하는, 어떤 것?

∧ 과거에요? 현재에요? 미래에요?

ㄴ   과거이기도 하고 현재이기도 하고, 또한 현재이기도 하고 미래이기
    도 하죠.

ㅅ   오호~~ 이제는 개념이 딱 잡혀 있는데요.

ㄴ   (뿌듯)

ㅅ   많은 사람들이 '전통사회에서 어쩌고저쩌고' 하면서 전통을 말합니
    다. 이때는 과거로 판단을 해버리는 거죠. 그리고 과거는 없어져야 될
    것으로 치부해 버립니다. 아니면 극단적으로 복원해서 살려야 할 것,
    이렇게 나가는 거예요. 잘 알아야 할 것은 전통은 절대 복원해서 살
    릴 것도 아니고 과거에 없어진 것도 아니에요. 남 작가가 얘기한 것
    처럼 전통이라 하면 당연히 옛날 것이죠. 옛날 것은 시대가 가면 갈
    수록 고스란히 남아 있지 않습니다. 변형된 형태로 남아 있겠지요. 자
    한복도? 개량한복이 나오죠. 그렇게 변형된 형태로 있지만~~ 정신
    은 그대로 이어져 온단 말이에요. 그걸 바로 전통이라고 합니다.

ㄴ   아, 시간이 지나 외형은 바뀌었을지언정, 그 안의 정신은 온전히 이어
    져온다?

ㅅ   그러니까 전통의 외형은 바뀌게 되어 있습니다. 어떻게 보면 정신도

조금씩 바뀌게 되어 있어요. 그런데 완전히 다른 게 들어온 것은 전통이 아니에요. 전통은 과거의 집단적인 산물들이 현재로 내려와서 미래로 이어져야 되는 겁니다. 그런데 우리에게 전통은 이미 전통이라는 이름 자체로 박제(剝製)가 되어 버렸단 말입니다.

박물관에 가면 기와조각도 있고 도자기도 있을 거 아니에요? 그럼 '야, 요새 조선시대 도자기 같은 것 누가 써?'……. 생각하죠. 그것처럼 우리에게 살아 있어야 될 생활양식으로서의 내용을 담은 고전들이 박제된 유물처럼 박물관 속에 들어가 있었죠. 지금은 그것을 80년대 이후로 많은 사람들이 끄집어내서 다시 살리고 있는 와중에 있는 거죠.

ㄴ 굉장히 어렵네요.

∧ 그렇죠, 어렵죠? 우리가 왜 그렇게 어렵게 느끼냐면 우리가 생각하는 500년 넘은 전통들은 이미 박물관에 들어가 있고 지금은 100년 넘은 서구의 전통들이 들어와 우리의 의식을 지배하고 있기 때문이죠. 한마디로 오래된 전통과 서구의 전통이 혼재돼 있는 사회에서 살기 때문에 훨씬 더 혼란스러운 거죠. 그래서 박제된 전통을 다시 꺼내려니까 힘든 거죠. 박제된 유물이란 뭐냐? 내 몸으로부터 떨어져 나가서, 내가 입고 있던 옷이 그대로 벗겨 나가서 나로부터 격리되어 저쪽에 객관화 되어 있는 겁니다. 그러면서 원래 우리 전통이 아니었던 서구의 것이 들어와서 내 몸에 옷으로 입혀져 있는 겁니다. 이런 상황인

데 저걸 다시 끄집어내서 이걸 벗고 다시 입는다? 굉장히 어렵죠. 어떤 획기적인 것이 있지 않으면 정말 어렵죠.

동양철학에 대한
이해와 오해

┗ 교수님, 우리 식의 전통은 농사짓는 농부처럼 우리 몸에 맞게 자연
스럽게 생각하면 편할 것 같은데요. 이치에 맞고 물 흐르는 대로 순
서대로 뿌린 것만 거둔다는 생각. 좋죠. 그런데 메이크업시대에 계속
발맞춰서 물질적인 것도 업 업(up up) 해야 하는 이 서양관념의 시대
에 동양철학은 너무 여유롭다는 생각이 자꾸 드네요. 정신적인 인정
이 최고라고 생각하지만 돈이 최고인 시대에 도(道), 인(仁), 의(義) 등
을 따르며 사는 것은 '난 좀 가난하게 살 것 같아'라는 자발적인 가난
을 좇는 사람 같아 보여요. 요즘 시대에 어울리지 않게. 아, 서양문명
이 팽배한 이 시점에 동양철학을 따르며 살기……. 요즘 시대와 동양
철학은 어떻게 만나야 하는 건지 무척 혼란스럽습니다.

∧ 동양철학에 대한 이해와 오해가 있는데요. 그것은 철저한 오해입니

다. 이분법적 논리죠. 100% 맞지는 않겠지만, 우리의 생각이 벌써 '서양의 사유양식은 돈이 되는 것, 동양의 사유양식은 돈이 안 되는 것, 이런 방식에 익숙해져서 그럴 것이다'라고 착각하는 거죠.

┗ 동양철학에서도 돈을 벌어라, 이런 말이 있나요?

▲ 『논어』에 보면 경제적인 관념이 녹아 있는 내용들이 많이 나옵니다. 예를 들어 공자의 오른팔이었던 자로는 공자의 정치적 대변인이었고, 왼팔 자공은 경제적 대변인이었지요.
자공은 이권(利權)에 밝았습니다. 그래서 공자가 천하주유(天下周遊)를 할 때 자공이 경제적 뒷받침을 해줄 수 있었지요. 물론 공자가 '거기에 대해서 조심해라, 어떻게 해라, 장사할 때 이윤 배분을 어떻게 해라' 하는 것까지 엄격히 이야기를 하고 있습니다. 또 『관자』* 같은 책에서는 상업을 구체적으로 권장하고 있거든요.

┗ 아하, 이윤 추구와 경제적인 사유에 대해서도 다루었군요. 그걸 몰랐네요.

▲ 동양철학을 잘 모르고 오해하니까 '에이, 이것 해서 득이 없다', '도덕

---

* 관자 : 춘추시대의 제나라 재상인 관중(管仲)이 지었다고 전해지는 책. 부민(富民), 치국(治國), 포교(布教)를 서술하고 패도정치를 역설하였다.

적으로만 살아라', '점잖게만 살아라' 하고 잘못 배우게 되죠. 그러니까 '선비들은 꼿꼿하고, 먹는 것에는 관심 없고, 학문과 도 닦는 것에만 관심 있네' 같은 엉터리 생각을 하게 되는 거죠.

ㄴ 경제적 관점에서 이야기를 하고 있다, 그럼 과학은 어때요? 과학적 세계관이나 물질관, 자본주의 같은 것을 얘기하고 있는 고전이 있나요?

ㅅ 자본주의라는 것은 서구의 경제사회에서 나오는 것이거든요, 물론 자본주의라는 말도 한자이긴 하지만 서양의 경제적 관점에서의 과학적 세계관이나 경제적 물질관은 동양에서는 아직 싹트지 않았죠. 그래서 그런 서구적 경제관념은 개입할 수 없었습니다. 『대학』에 보면 덕본재말(德本財末)[14]이라고 나와요. 도덕정신이라고 할 때 그 덕을 정신으로 보고, 우리가 얘기하는 물질을 재로 봅시다. '덕본재말'은 '인간이 가지고 있는 덕성이 근본이고 재물은 말단이다' 이렇게 해석되지요.

ㄴ 돈보다는 정신이 더 우선이다?

ㅅ 아닙니다. 인간의 정신적인 측면이 근본이고 물질적인 측면은 말단이라서 필요없다는 것이 아니에요. 마치 이런 것과 같습니다. 나무에 보면 뿌리가 있어요. 뿌리 근(根) 자, 근본 할 때 뿌리가 있고, 말단 하

면 끄트머리란 말이죠. 근본과 말단이라고 했을 때는 뿌리부터 줄기, 가지, 이파리, 전부 다 필요한 겁니다.

ㄴ 교수님, 우리가 세상을 살아가면서 '서구의 물질중심의 세상을 살아 가지만 동양철학의 흔들리지 않는 깃대도 꼭 갖고 살아야 한다' 이렇 게 해석하면 될까요?

ㅅ '서구는 물질중심이다, 동양은 정신중심이다' 이렇게 말할 순 없는 거 죠. 왜 그러느냐? 서양에 정신이 없나요? 자본주의의 본산인 미국은 영국의 프로테스탄트*들이 신대륙으로 건너가서 자본주의를 형성하 고 영토를 개척한 사회예요. 『프로테스탄트윤리와 자본주의 정신』** 이라는 막스베버의 책도 있어요. 그것처럼 우리가 서구사회라 얘기 했을 때 분류를 하면 복잡하지만 그냥 동양 서양 했을 때 서양은 과 학물질문명, 동양은 정신문명, 이렇게 얘기하는데 그 분류는 너무 단 편적으로 동서양 문명을 나눈 겁니다. 서양에는 서양의 정신문명과 과학물질문명이 있고 동양에는 동양의 정신문명과 과학물질문명이 있어요. 대신 이 둘 사이에 차이가 있죠.
동양은 정신적인 측면을 더 중시했고, 서양도 정신적인 측면을 중시

---

* 프로테스탄트 : 16세기 종교개혁의 영향으로 로마 가톨릭교회에서 분리된 복음주의 성향의 기독교 교파.
** 『프로테스탄트윤리와 자본주의 정신』 : 막스 베버가 지은 자본주의 윤리에 관한 책. 종교개혁 이후 출현하게 된 금욕주의가 기업가와 노동자에게 양질의 노동력을 제공했고 자본주의가 번성하게 되었다는 내용.

했지만 근대사회에 들어오면서 물질문명이 급속도로 발전하면서 물질문명이 상대적으로 더 부각됐죠. 서양은 산업화와 공업화가 진행되면서 물질이 대량으로 생산되다 보니까 상대적으로 볼 때 그것이 조금 더 부각된 거죠. 그렇게 이해하며 봐야지, 서양은 물질문명, 동양은 정신문명, 그렇게 딱 잘라 말해선 안 된다는 겁니다. 그렇게 논리를 비약시키다 보니 서양의 물질문명으로 인해서 인간이 소외되고, 이를 보완하기 위해서 동양의 정신문명을 부활시켜야 한다는 등의 이상한 소리를 해대는 사람들이 많이 있죠. 다 동양과 서양사상을 오해한 거죠. 이해를 못해서 나온 이상한 논리가 생겨나게 되는 겁니다.

생각의 궁극은
변화 - 거듭남 - 깨달음

ㄴ 그렇다면 누군가는 잘못 이해한 것을 제대로 알려줘야 하는 것 아니
에요?

ㅅ 알려줘야 하죠. 그런데 동양적 사고를 하면 가장 좋은 것은 스스로
각성하는 것이죠. 불교든 도교든 유교든 스스로 자각하고 각성하도
록 사유하는 방법을 가르칩니다. 인간이라면 누구나 다 할 수 있는
방법이에요. 그것이 하나의 본성이 될 수 있어요.

사람이 동물하고 다른 게 뭡니까? 의식성이죠. 자기 주체성, 의식성.
동물들은 본능에 의해서 살아가잖아요. 우리가 착각하면 안 돼요. 예
를 들어서 새들이나 소, 이런 것들은 태어나자마자 걷고 풀 뜯어먹고
하잖아요. 사람은? 3년을 길러줘야 합니다. 길러준 다음에 사람이 의
식이 생기면서 본능이 아닌 의식을 통하거나 다른 문화적인 습관을

받아들이거나 해서 자발성이 생기죠. 의식적으로 하려고 하는 것이 생기게 됩니다. 그것에 의해서 자기가 터득해야 하죠. 자득(自得)해야 합니다.

└ 사람에게는 자기 자발성, 주체, 의식이 살아가는데 가장 중요한 것이 군요. 그걸 가져야 제대로 배웠다고 할 수 있는 거구요.

∧ 예를 들어서 아무리 세종대왕 같은 사람, 아무리 위대한 사람이 나타나서 교육을 시키고 한꺼번에 좋은 동양의 생각들을 펼쳐놓아도 안 되는 게 있습니다. 본인이 깨닫지 않는 이상은 뭔 말인지 알아 듣지 못하는 거죠. 그런데 많은 사람들이 스스로 깨닫는다면 한꺼번에 확 좋아질 수도 있죠. 근데 쉽지 않죠. 문제는 아무리 잘해도 안 되는 게 있습니다. 지금 우리 머릿속에는 서양 것들로 굳어져 있거나, 어떤 다른 요인들이 많이 굳어져 있습니다. 이걸 싹 도려내는 것을 기독교식으로 얘기하면 거듭남이라고 합니다. 불교식으로 얘기하면 깨우침, 각성. 그런데 그게 쉽지 않죠.

└ 어, 기독교에도, 그러니까 서양에도 일맥상통하는 똑같은 말이 있는 거네요?

∧ 다 있죠. 있는데 그 형태나 내용이 조금 다를 수 있죠. 기독교에서 거

듭남이라고 하고 우리말로 하면 탈바꿈입니다. 한자에도 보면 변화(變化)한다고 하잖아요. 변화, 무슨 뜻이죠?

ㄴ　원래 있던 것에서 모양이 바뀐다?

ㅅ　그렇죠. 보통 다 줄여버리고 바뀐다고 하잖아요. 이것도 바뀔 변(變)이고 이것도 바뀔 화(化)입니다.

ㄴ　바뀌고 계속 바뀐다?

ㅅ　바뀐다는 이 두 개의 뜻이 다릅니다. 변(變)은 머리색이 까맣고 노랗게 바뀌었다 할 때 쓰는 말이죠. 즉, 원래 가지고 있던 속성은 안 바뀌고 물리적으로 모양이 바뀐 것을 변이라고 합니다. 그러면 화(化)는 어떤 것일까요? 어떤 물건에 불을 질렀어요. 그러면 이 물건이 재가 돼버렸잖아요. 전혀 다른 성질로 바뀌어 버렸습니다. 그걸 화학적 변화라고 하죠. 이렇게 성질 자체가 바뀐 것을 화라고 합니다. 바뀐 내용이 다르죠. 그때 이렇게 화학적으로 완전히 바꾼 것을 탈바꿈이라고 합니다.

ㄴ　그럼 깨우침이라는 것이 바로 '화'에 속하는 것이군요.

예를 들어서 남 작가가 도둑놈이라고 칩시다. 감옥에 한 번 갔다 왔어요. 그런데 '이제 나 도둑질 안 하고 열심히 잘살 거야' 하고 결심했어요. 그리고는 신창호 앞에 가서 "나 선한 사람 됐어요." 했어요. 그리고 신창호도 "저 놈 감방 갔다 오더니 정말 바뀌었는데?" 이렇게 얘기를 합니다. 그런데 또 도둑질을 했어요. 뭐가 바뀌었어요? 바뀐 거는 그때뿐이죠. 그때 살짝 살짝 물리적으로 바뀐 체만 해준 거죠. 그런데 '화'의 경지는 남 작가가 마음속으로 크게 뉘우치고는 진짜 그 이후로 도둑질도 전혀 안 하고 완전히 달라진 것을 말합니다. 이때는 화한 사람, 서양사고로는 '거듭난 사람'인 거죠. 본질은 안 바뀌고 '체' 하는 놈이 있고 본질 자체가 완전히 싹 다른 형태로 변한 사람이 있는 것입니다.

『논어』「학이」에서는 교언영색(巧言令色)이라는 용어를 통해 변만 갖고 있는 사람과 화로 완전히 간 사람을 구별하라고 말합니다.

"공자는 아주 엄중하게 말합니다. 말은 남들이 듣기 좋게 하고, 낯빛은 남들이 보기 좋게 하는 사람 가운데, 사람을 사랑하는 자는 드물다!(子曰, 巧言令色, 鮮矣仁)"

ㄴ 그렇지만 그것은 본인만 알 수 있는 것 아니에요? 속이려면 그런 체하면서 속일 수 있잖아요.

ㅅ 그럴 수도 있죠. 그게 바로 자각이고 자득이고 깨달음이죠.

┗ 동양철학은 깨달음을 얻기까지 너무 많은 시간을 요구하는 철학인 것 같아요.

∧ 동양철학이든 서양철학이든 가릴 것 없이, 사고를 하는 데는 두 가지가 있습니다. 사려(思慮)라는 두 자. 그때그때 일어나는 생각이 사(思), 생각의 틀이 려(慮)입니다. 생각 자체는 그때그때 일어나고(이것이 사), 그 집을 짓는 건 오래 갑니다(이것이 려). 동양만 그렇다는 것이 아니라 서양도 마찬가지입니다. 오히려 서양의 생각 중 형이상학 같은 건 생각이 더 깁니다. 오히려 동양은 생각이 짧아요. 생각한 후에 실천하라고 하니까. 그런 생각을 가장 짧게 해도 되는 것이 뭔지 아세요? 바로 과학입니다. 서양은 과학이 발달해서 생각이 바로바로 실현되는 것처럼 착각하는 겁니다. 철학은 원래 오랜 사유과정이 들어갈 수밖에 없는 학문입니다. 과학처럼 바로바로 만드는 게 아니죠. 따라서 서양은 물질문명, 동양은 정신문명 이렇게 분류하는 것 자체가 잘못됐습니다.

근대 이전과 근대 이후의 동양철학

ㄴ 그렇다면 교수님, 우리가 서양철학과 동양철학의 차이를 논할 때 서양
철학의 중요한 사상적 근거로 제시되는 것이 '근대'라는 말이잖아요.
그렇다면 서양에서의 '근대'란 개념은 어떻게 세울 수 있는 건가요?

ㅅ 네, 정말 중요한 부분을 지적해 주셨는데요. 여기서 우리가 '근대'란
개념을 살펴보려면 크게 두 가지 정도 중요한 개념을 알아야 하죠.
우선 역사적으로 중세와 근대를 어떻게 구분할 것인지? 그리고 근대
시민의식으로 대변되는 '근대사회'의 특징은 무엇인지? 하는 거예요.

ㄴ 아 근대에 대해서 이 두 가지만 알면 완벽하게 '근대'를 이해할 수 있
겠네요. 그럼 교수님, 먼저 '중세와 근대'가 어떻게 나뉘는 건가요?

▲　우리가 역사적으로 나눌 때 근대는 보통 고대 – 중세 – 근대로 나뉘버려요. 그런데 문제는 우리가 시대구분을 할 때는 무 자르듯이 확확 할 수가 있지만, 실질적으로 중세에서 근대로 넘어올 때는 굉장히 복잡해요. 르네상스, 종교개혁과 같은 사건이 일어났죠. 그렇게 역사적으로 막 넘어오는데 문제는 그중에서 중세나 근대나 다 신의 우산 아래 있다는 거예요. 우리가 착각하는 게 중세 때는 가톨릭 종교 중심이니까 신의 우산 아래 있는데 근대로 넘어올 때는 그 신의 우산을 벗어던지는 걸로 알고 있단 말이죠. 하지만 그건 아니고요.

다만 중세에는 종교적인 절대 영향 아래 있었다면 근대로 넘어오면서는 개인의 이성에 대해서 싹트기 시작하는 정도의 시대라는 거죠. 중세는 아주 교조적으로 신의 우산 아래 완벽하게 있기 때문에 인간의 이성적인 자발성이 아주 적어요. 그런데 근대로 넘어오면 데카르트철학이다 칸트다 하고 넘어오기 시작하면서부터는 일반인들이 자기 개인의 이성에 대해서 눈을 뜨기 시작하죠. 그런 것 정도의 차이지, 근대가 중세의 신 중심사회를 벗어나는 거냐 하면 그건 아니란 말입니다. 다만 중세와 근대의 큰 차이가 뭐냐? 그건 바로 근대에 오면서는 똑같은 신의 우산 아래 있다고 할지라도 중세보다는 상대적으로 자발성이라든가 인간의 이성이라든가 이런 것들이 조금씩 더 싹트기 시작한다는 겁니다.

∟　그렇다면 중세에서 근대로 넘어와서 근대 시민사회는 어떻게 이루어

지는 거예요?

ᐱ　중세에서 근대로 넘어오는 시기는 앞서 말씀드렸던 인간의 이성이 조금씩 싹트게 되고요. 사람들이 자발성이 생기면서 프랑스혁명을 기점으로 해서 근대사회가 형성됩니다. 프랑스혁명이 일어나면서 시민사회가 되고 근대국가가 만들어지게 되는 것이죠.

ᐠ　그렇게 중세에서 근대로 넘어오고 나서 시민혁명이 일어나면서 자연스럽게 '근대사회'가 대두가 되는 거네요. 그렇다면 근대국가는 어떤 성격을 띠게 되는 거예요?

ᐱ　그렇게 시민혁명을 거치면서 근대사회로 발전을 한단 말입니다. 근대사회로 오면서 언어권별로 국가가 나눠집니다. 그 국가를 나누는 이유 중에 가장 큰 것이 민족하고 언어입니다. 그래서 근대에 와서 국가란 말은 민족국가를 말합니다. 근대 = 민족 단위의 국가죠. 그래서 민족도 영어로 네이션(Nation)이고 국가도 영어로 네이션(Nation)입니다. 쉽게 말해서 민족국가 = 근대국가입니다.

독일은 독일어 쓰고, 프랑스는 프랑스어 쓰죠. 그러니까 독일쪽은 독일민족, 프랑스쪽은 프랑스민족 하는 식으로 네덜란드, 오스트리아도 나눠지는 겁니다. 그게 중세 때는 가톨릭문화권의 작은 갈래인 가문으로 있다가 근대로 오면서 민족국가로 독립하게 되는 겁니다. 그래서 가장 먼저 자기의 언어를 중심으로 민족끼리 뭉치면서 민족국가가 탄생하게 되는 거죠. 그런데 민족에게는 제각각의 사회풍습이 있잖아요. 사회풍습 중에 가장 중요한 것이 법률제도, 기존의 내려오던 고유한 자신들만의 전통문화, 이런 걸로 묶이는 겁니다. 그게 오늘날로 보면 각 나라마다 축제가 만들어지고 하는 게 다 풍습의 영향이에요. 그러면서 더불어 강화되는 것이 소위 시민의식입니다. 근대 시민사회 하면 근대의 가장 상징적인 특징으로 시민혁명이 일어나잖아요. 보편적으로 봤을 때 시민혁명이 일어났을 때는 그 시민들이 중심이 되는 사회가 되는 겁니다. 시민혁명이 일어나면서 민족국가로 결부가 된단 말입니다. 그때에 민족국가를 상징하는 것이 자유와 평등입니다.

ㄴ 아, 그때부터 우리가 알고 있는 '시민의식'이라는 게 생겨나는 거군요. 우리가 좀 멋있게 얘기할 때 '자유, 평등, 박애' 뭐 이렇게 말하는 거 말이죠?

ㅅ 민족국가가 되면서 이제 민주주의가 싹트는 거죠. 왜 그러냐면 근대 시민사회의 시민들이 주로 상공인들이어서 중세시대에는 억압된 존재들이었거든요. 이들이 배운 것도 없는 사람들이었는데 중요한 것은 이들이 자국어를 쓰자 '자기 계발을 하기 위해서는 계몽을 해야 된다' 이렇게 나오는 겁니다. 깨어 있어야 한다는 거죠. 인간은 자발적으로

행동할 수 있다는 이성적인 사고가 필요했던 겁니다. 이것이 자유의식인 거죠. 또 이것과 같이 붙는 것이 해방입니다.

따라서 근대 시민사회를 결정적으로 규정짓는 가치가 민족, 민족국가, 계몽, 해방 등입니다. 이런 가치들이 모여서 민주주의의식이 싹튼다는 겁니다. 그래서 민주주의의 양대 원리가 자유와 평등인 겁니다.

┗ 아, 서양에서는 근대가 그렇게 형성이 되는 거군요. 그렇다면 교수님, 중국을 근대 이전과 이후로 나눌 수는 없는 건가요?

∧ 우리가 말하는 공자, 맹자시대의 유학을 원시유학이라고 합니다. 원시유학과 불교, 도교 등이 혼재되어 발달한 송명시대의 양명학(陽明學, 신유학)은 근대라고 볼 수 없죠. 그런데 1800년대와 1900년대 초에 중국에서 서양문화를 받아들인 근대 신유학에는 어느 정도 근대적인 특성들이 나타나게 되는데요. 그 '근대적인 차원의 특성'을 가지고 '아, 이것은 상당히 근대적 성격이다. 아니다' 이렇게 논의는 할 수 있겠지만 어느 하나를 딱 집어서 '이것은 근대적이야'라고 바로 적용하기는 굉장히 힘들겠지요. 하지만 분명한 것은 영국에서 1800년대 산업혁명이 일어나잖아요. 1800년대 중반쯤 된단 말이에요. 그 무렵에 마르크스라는 사람이 나와요. 그러면 마르크스 같은 사람들은 영국의 산업혁명을 비롯해서 서구사회가 변해가는 모습, 노동자들이 노동 착취를 당하는 모습을 보면서 착취의 개념, 노동의 개념, 계급의

개념을 만들어 내거든요. 그러나 중국이나 조선사회에서 근대적 개념들은 20세기 이전에는 거의 없습니다.

이것을 정확하게 파악한 사람이 모택동 같은 사람이죠. 모택동이 마르크스사상을 찬찬히 들여다보니까 상당히 일리가 있어요. 그런데 그때까지도 중국은 농민사회입니다. 마르크스는 노동개념을 공장의 노동자를 통해서 분석하는데, 중국은 그때까지 대부분 농사짓는 사람들이라서 분석할 대상인 노동계급이 없었거든요. 마르크스가 얘기하는 계급사회라는 것이 굉장히 좋은 이론이긴 한데 중국에 맞는 상품이 있어야 얘기할 수가 있을 것 아닙니까. 그래서 이것을 중국식 마르크스주의로 바꾸는 거죠. 유럽에서 바로 노동자계급을 볼 수 있었던 소련은 레닌주의로 바꾼 거고. 모택동 같은 경우는 중국식 공산주의를 만들어서 농민사회에 맞게 옷을 갈아입는 거죠.

서구는 산업화가 가속되면서 인간의 생활은 요새말로 부익부(富益富) 빈익빈(貧益貧), 부자들은 너무 부자가 많이 되고 빈자들은 너무 가난해지죠. 이런 계급의식은 그때부터 싹트게 되거든요. 그런데 분명한 것은 전반적으로 그런 사태가 일어난다 할지라도, 빈자가 더 가난해진다고 할지라도 예전 가난보단 훨씬 나아집니다. 그러니까 경제도 점점 성장해가고, 전체적인 문명이 다 같이 발달해가는 거죠.

제가 볼 때는 서양의 물질적인 발달과 문명사회로의 성장에 대해 동양사회가 패배한 겁니다. 그러니까 사람들이 자꾸 중체서용(中體西用), 중국을 중심으로 서양을 이용하자고 하고 서양 것을 받아들이자,

서양의 물질주의를 이용하자는 논의들이 계속해서 일어나는 거예요.

ㄴ 중국이 오랫동안 주체를 가지고 올 수 있었던 것은 서양 문물을 중국
화해서 받아들인 것도 있지만, 원시유학, 신유학들을 다 접목시켜서
일종의 총체적인 중국 전통을 이어왔기 때문이기도 하지 않을까요?
그래서 지금까지 우리가 공자를 알 수 있게 된 것 아닐까요?

∧ 중국은 모택동시대에 전통중국철학을 파괴했습니다. 문화대혁명이
그것인데요. 1940년대에서 1970년대까지 모택동식 사회주의를 주도
했잖아요. 모택동은 굉장히 중국철학에 능합니다. 특히 장자철학에
능하죠. 그러면서 『모순론』, 『실천론』* 등 책도 많이 써내거든요. 마르
크스철학을 받아들이면서 중국철학하고 혼합을 한 거죠. 문제는 그
렇게 하면서 중국식 사회주의를 펼치다 보니 공자나 유학이 사회주
의의 주적이 된 겁니다. 그래서 한때 공자 비석 다 부수고 중국전통
문화를 단절시키려고 하는 문화대혁명을 일으키죠. 그러면서 중국사
회를 발전시켰습니다.

그런데 이제 와서 보니까 '중국전통'이 상당히 세계적으로도 이용할
가치가 있는 거예요. 그래서 공자 맹자의 전통유학을 활용하죠.

---

* 『모순론』 : 1937년에 모택동이 중국 공산당 내의 교조주의사상을 극복하기 위하여 쓴 책. 사물의 모순 법칙을
연구하여, 이것을 대립물의 통일 법칙으로 파악하였다. 『실천론』은 공산주의 철학서. 변증법적 유물론의 입장에
서 인식과 실천 및 행동의 통일을 주장했다.

동과 서,
역사 발전의 토대가 다르다

우리가 개념 있는 동양철학을 하면서 진짜 개념을 잡기 위해서 헷갈리면 안 되는 것이 있습니다. 무슨 말을 하려고 하냐, 우리는 지금 현대를 살아가잖아요. 모든 인간은 현대를 넘어갈 수가 없어요. 사람들이 '포스트모던*이다', '탈현대**다', '후현대***다' 그러는데 후현대라는 말 자체는 성립이 되지 않는 거예요. 현대는 현재로 그냥 있는 거지, 후현대가 어디 있어요? 그건 우리의 인식을 넘어서는 것이죠. 질문 하나 할게요. 예를 들어서 지금 현재는 현대사회의 현재라고 보면. 그럼 후현대는 언제죠?

---

* 포스트모던 : 일반적으로 모더니즘 후의(라틴어post : 뒤, 후) 서양의 사회, 문화, 예술의 총체적 상황. 이성중심주의에 대해 근본적인 회의를 내포하고 있는 사상.

** 탈현대 : 포스트모더니즘(postmodernism)으로 1960년에 일어난 문화운동이면서 정치·경제·사회의 모든 영역과 관련되는 한 시대의 이념.

*** 후현대 : 탈현대와 같은 용어.

┗ 후현대는 현대가 아니니까, 미래?

∧ 그렇지요, 미래가 돼버리죠. 그런데 그 미래는 우리가 볼 수 있나요? 볼 수가 없죠. 모든 것은 현재적 존재입니다. 무조건 거기서 출발을 해야 됩니다. 동양철학은요? 미래를 고민하지 않습니다. 고민할 수가 없어요.

┗ 그럼 근대는 뭐고 현대는 무엇인가요?

∧ 마르크스가 인류의 역사발전단계를 도식화한 것에는 현대는 안 나옵니다. 마르크스는 역사를 구분할 때, 원시사회를 원시공산제, 고대사회를 고대노예제사회, 중세사회를 중세봉건제사회, 근대사회를 근대자본제사회라고 나눴거든요. 현대는? 안 나옵니다. 이게 대단히 중요한 거예요. 물론 원시, 고대, 중세, 근대 등 역사의 발전단계를 4단계, 5단계로 나눈 것은 후대의 학자들이 나눴지만 마르크스 또한 그런 인식을 갖고 있었던 거죠.

자, 마르크스가 살았던 것은 근대입니다. 근대를 영어로 모던(Modern)이라고 하죠. 근데 현대도 사전에서 찾으면 모던(Modern)입니다. 그런데 현대는 또한 프레젠트(Present), '나타나 있는'이라는 뜻이거든요. 영어사전을 찾으면 구분이 안 가게 되어 있죠. 그건 왜 그러냐? 마르크스의 도식 때문에 그래요.

└ 그러면 마르크스가 살았던 때도 마르크스에게는 현대였겠네요. 자기
   가 살았던 그때.

∧ 당연하죠. 그리고 그 시대를 규정하게 된 게 자본주의 때문입니다. 자
   본주의가 태동되었기 때문에 자본주의 특성을 많이 분석했죠. 문제
   는 마르크스가 유물론적 관점을 투영하기 전에는 동양사회는 이런
   사고를 전혀 갖지 않습니다. 어떤 사고를 갖느냐? 왕조 사관밖에 없
   었죠. 왕조의 교체에 따라 역사를 구분한 거죠.
   그런데 마르크스가 말한 것은 왕조의 교체가 아니에요. 생산양식의
   교체죠. 생산관계, 생산양식. 생산양식은 원시사회에서는 공산제적인
   측면이 강합니다. 공동생산에 공동분배. 그리고 고대사회는 노예제에
   기반했으니 노예들이 다 생산을 해냈겠지요. 그러면 착취계급들이 다
   가져갑니다. 그 다음에 중세사회는 봉건지주가, 영주하고 봉건 농노들
   의 관계가 지배 – 피지배 관계였지요.
   마르크스가 1818년에 태어났단 말이죠. 그럼 이 사람이 30년 후부터
   활발하게 활동했다고 하면 1850년대 이후에 마르크스의 생각들이
   퍼져나간다고 봅시다. 그럼 지금부터 겨우 150년 160년 전 밖에 안
   되거든요. 마르크스 사후 100년 남짓해서 동양이 여기에 젖어 들어
   가는 거죠.

└ 그가 나눠 놓은 개념은 중국이나 한국, 내지는 동양사회가 살면서 거

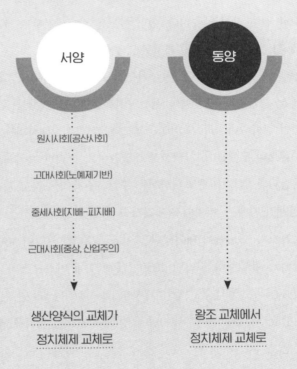

동과 서, 근대에 무슨 일이?

서양

동양

원시사회(공산사회)

고대사회(노예제기반)

중세사회(지배-피지배)

근대사회(중상, 산업주의)

생산양식의 교체가
정치체제 교체로

왕조 교체에서
정치체제 교체로

친 적이 없었던 시대를 이야기한 거군요.

▲   동양은 왕조사회입니다. 그래서 맹자가 왕조의 교체를 얘기하는 겁
니다. 중국의 왕조는 송나라 원나라 명나라 청나라, 이렇게 쭉 내려옵
니다. 그러다가 신해혁명이 일어나서 중화민국공화국으로 바뀌거든
요. 그래서 맹자는 중국 고대의 왕조의 교체를 얘기하고 있는 겁니다.
왕조의 교체 – 성이 바뀌니까 역성혁명이죠. 『맹자』「양혜왕」에는 혁
명에 관해서 "인의를 해친 흉포하고 잔혹한 자는 베어도 된다."고 말
하고 있습니다. 한마디로 왕의 자격이 없는 무도(無道)한 자는 혁명
으로 바꿔도 된다는 의미이지요.[17]

우리나라의 경우는 삼국시대, 통일신라가 있었고, 신라에서 고려로
넘어오기 전에 후고구려, 후백제, 발해 등 후삼국이 있었죠. 한반도에
서는 고려시대에서 조선으로 바뀔 때도 왕씨에서 이씨로 바뀌었지
요. 조선의 왕조가 500년이 지속됐거든요. 그리고 왕조국가인 조선
시대가 저물면서 근대 제국주의의 세례를 받은 일본의 침략을 받습
니다. 하지만 그때 일제에 저항하던 많은 사람들의 의식은 조선 왕조
를 되찾아야겠다는 정도였어요. 일제강점기가 끝나고 해방이 되면서
대한민국이 되죠. 이때 비로소 우리는 민주주의국가가 됩니다. 이건
왕조의 교체가 아니고 정치체제의 교체지요. 이걸 이해를 잘 해야 합
니다.

ㄴ 아, 그럼 우리나라 사람들의 역사에는 고대, 중세, 근대 이런 개념이
없는 게 당연하네요.

ᄉ 그런데 마르크스가 나눠 놓은 걸 가지고 와서 인위적으로 맞추려고
하죠. 이렇게 전부 개념 없이 마구 뒤섞여서 없어져 버린 그 개념을
잡아야 합니다.

ㄴ 그렇다면 교수님, 우리가 요즘 흔히 말하는 '근대'와 '현대'라는 개념
도 종종 혼용돼서 쓰지 않나요? 서양에서 말하는 근대와 현대를 구
분하는 명확한 기준이라도 있는 건지요?

ᄉ 근대와 현대를 구분하는 것은 역사적으로 근대에서 현대로 발전하는
과정에서의 양상에서 그 차이점을 찾아야 됩니다. 무슨 말이냐면 근
대에서 현대를 구분한다고 했을 때 어떤 현상이 벌어지느냐? 현대사
회의 특징이 뭐냐? 바로 민족국가가 깨지는 겁니다. 그게 뭐냐? 바로
국제화사회가 되는 거죠. 앞서 민족국가가 근대사회의 시민의식에
의해서 형성된 국가라고 했잖아요. 그 근대국가의 가치가 바뀌는 게
현대국가의 특징인 겁니다.

근대국가에서 현대국가로 넘어온다는 것은 다문화가 되는 걸 말합니
다. 독립된 민족이었다가 민족끼리 융·복합이 일어나고, 이민을 가
거나, '글로벌(global, 세계화)'이 되는 겁니다. 좋게 얘기하면 사해동포

주의가 돼서 모두가 합쳐서 사는 겁니다. 그게 20세기 초반에 일어나죠. 예를 들어서 1919년 3.1 운동할 때 민족자결주의다, 이런 얘기할 때는 아직도 근대의식이 있어요. 그런데 민족자결주의와 함께 강화되는 것이 제국주의입니다. 민족주의의 가장 하이라이트에 민족자결주의가 있는 거예요. 그런데 그 제국주의가 무너지기 시작하는 게 1900년대 중반부터죠. 2차 세계 대전 이후부터 시작돼서 미소 냉전이 무너지면서 20세기 중반부터 슬슬 무너지는 거예요. 그게 무너지면서 다른 민족도 포용하기도 하고 소통하기도 하고, 왔다 갔다 하기도 한단 말이에요.

ㄴ 근대와 현대라는 게 시대적으로 볼 때 명확하게 분리돼 있지는 않은 것 같네요. 그렇다면 근대와 현대를 구분 짓는 특징 같은 게 있다면 어떤 것일까요?

ㅅ 남 작가의 지적처럼 근대사회와 현대사회를 지금은 뚜렷하게 구분하기는 어렵습니다. 그래도 근대와 현대를 구분 짓는 특징을 따져보면 근대의 가치에서 벗어나는 것을 현대사회라고 할 수 있을 것입니다. 예를 들면 민족적인 것에서 벗어나는 탈민족적인 것, 이성주의에서 벗어나는 탈이성적인 것, 이념적인 것에서 벗어나는 탈이념적인 것들을 들 수 있습니다. 앞서 근대의식의 중요한 가치가 자유와 평등이라고 말했잖아요. 자유와 평등이라는 것은 근대 민주주의국가로

보면 최고의 가치인데, 지금은 수정 민주주의 쪽으로 가고 있잖아요. 수정 민주주의에서 보면 '개인은 국가에 의해서 자유를 제한할 수 있다' 이렇게 나오거든요. 이런 것들도 현대적인 특징입니다. 현대민주주의에서는 평등 같은 것도 제한할 수 있죠.

정리해 보자면 근대 민족주의 입장에서 보면 민족이 해체돼 버리는 겁니다. 그러니까 근대가 무너지면서 현대적인 것이 보이는 거죠. 한마디로 우리 사회는 아직도 근대와 현대 사이의 갈등구조에 있는 겁니다. 그러니까 아직도 외국 사람이 오면 받아들이기도 하지만 때로는 배타적이기도 하거든요. 근대의식에 사로잡혀 있다면 계속 미국 나가(양키 고 홈!? 뭐 이런 거요)라고 해야 하고, 통일을 해야 한다고 하는 겁니다. 그런데 이걸 현대식으로 하면 '과연 우리 국가에 어떤 것이 이익이 되느냐?' 이런 식으로 간다면 민족주의적 개념을 해체시키고, 막 다른 개념을 받아들이고 하는 식으로 되는 겁니다.

ㄴ 그렇다면 근대에서 말하는 모던(modern)이 포스트모던(post modern) 해 지는 게 현대라고도 볼 수 있는 건가요? 근대적인 속성이나 이념 같은 것들을 탈각하거나 벗어나는 것이 현대라고 볼 수 있는 거겠네요.

ㅅ 그렇죠. 그러니까 민족 같으면 탈민족, 이성 같으면 탈이성. 탈자유화, 탈평등화, 이런 말들이 많지는 않지만 굳이 쓴다면 그렇게 되는 것이죠. 그런데 우리가 근대에서 현대를 잘 이해를 못하게 되는 궁극

적인 이유가 뭐냐면 현대는 지금 우리가 살고 있어서 그런 거예요. 늘 우리 사고를 명확하게 분석하는 것은 과거거든요. 그러니까 근대까지만 분석하고 근대에서 벗어나는 것을 현대라고 쓰지 않고 탈근대라고 해버린 거예요. 아니면 후근대 이런 식으로. 사실은 미래는 모르는 거예요.

┗ 그러니까 여기서 나타나는 것은 현대가 근대의 연장이라고 할 수 있다는 것은 근대에서도 그 시대의 사람들은 자신들이 지금 현재를 사니까 현대라고 얘기할 수도 있다는 거겠네요.

▲ 당연하죠. 그리고 우리 입장에서 볼 때는 나나 남 작가가 근대적인 사고를 가지고 있다고 하면 우리는 근대를 이은 후근대 사람인 겁니다. 그런데 만약에 우리 자식세대가 보면 우리 부모세대가 생각하는 게 고리타분하고 틀려먹었어. 이러면 자식세대의 사고는 탈근대가 되는 겁니다. 그러니까 지금 포스트모던이라고 했을 때는 후기 근대적인 경향하고 탈근대적인 경향이 공존하는 겁니다.
모든 현실은 이전에 있던 것들을 이어오는 것하고 이전부터 오는 것을 부정하는 게 함께 합쳐져 있는 겁니다. 그러니까 이전에 있던 것을 계속 이어온다고 하면 보수 쪽에 가깝고, 벗어난다고 하면 진보 쪽에 가까운 것이죠. 그런데 미래에 대해서는 자꾸 미래를 예측하자고 하는데 굉장히 위험한 겁니다. 현재가 어떤 방향으로 갈지, 현재를

잘사는 게 가장 중요한 겁니다.

ㄴ 그럼 우리의 동양적 사고는 어디에 어떻게 끼어들어야 잘 맞아떨어질까요?

ㅅ 그것을 근대로 끼어 넣느냐, 현대로 끼어 넣느냐로 나눌 문제가 아니고, 근현대, 즉 모더니티(modernity)라는 것을 통째로 어루만져야 합니다. 근대와 현대라는 자가 있다면 근대 쪽에 가까운 쪽이 있고 현대에 가까운 쪽도 있잖아요. 음, 인간의 본성을 파악하려고 한다 하면 이걸 근대 쪽에서 들어가 보면 단순한데, 현대 쪽으로 들어가면 복잡하거든요. 결국 통째로 어루만져야 합니다.

ㄴ 전체 시간을 통으로 봤을 때 동양의 사상은 그 어디에 끼어 넣어도 다 맞다는 얘기인가요?

ㅅ 그걸 구분을 해야 합니다. 우리나라를 예로 들어서, 우리나라는 봉건 제도가 이루어진 적이 한 번도 없거든요. 그런데 마르크스가 중세 봉건제도 얘기했을 때는 유럽을 기준으로 본 겁니다. 합스부르크, 무슨 가문, 무슨 가문 하는 데다 분봉해 준 겁니다. 땅을 나눠 준 거지요. 유럽은 중세 봉건제부터 근대 전까지 하나의 나라라고 보면 됩니다. 황제가 있었죠. 그 황제가 누구냐, 로마제국 황제였습니다. 오늘날 국

가는 영어로 네이션(nation)이라고 하거든요. 그 국가개념이 중세까지는 없습니다. 모든 것이 로마제국이었죠.

이것을 중국에 대입해 보면 – 중국 주나라로 따지면 천자거든요. 왕이 여러 가지 방법으로 제후에게 땅을 떼어주며 분봉을 해줬죠. 무슨 가(家) 무슨 가(家). 그것이 동양의 가문입니다. 그러니까 국가에 나라 국(國) 자랑 집 가(家) 자 있지요.

『대학』에 보면 수신제가치국평천하(修身齊家治國平天下)라고 되어 있잖아요. 그럼 수신은 내 개인의 몸을 닦는 거죠. 한마디로 수양을 하는 겁니다. 나는 지금 번역본들은 상당수가 틀렸다고 봅니다. 대개 '가정을 바르게 하고' 뭐 이렇게 번역돼 있습니다. 집 가(家) 자니까. 그런데 그게 현대식 핵가족이 아니라는 말이죠. 그것은 완벽하게 가문(家門), 즉 집안을 바르고 완벽하게 하라, 이 말입니다. 패밀리(family)! 나라 국(國) 자는 천자가 다스리는 아주 큰 단위에 씁니다.

∟ 가문이요?

∧ 그렇죠, 가문. 패밀리.

∟ 아, 아까 주나라 천자가 땅을 나눠 주며 분봉할 때 무슨 가 무슨 가 이렇게 구분지었던 그 가(家)!를 접목시켜 가문이라고 해석하신 거군요!

▲ 그렇게 해석을 해야 하는 거죠. 서양도 마찬가지입니다. 가문별로 이루어집니다. 자기 가문에서 나름대로 군사를 키우고 할 것 아니에요. 그런데 그러다 보니까 천자보다 오히려 더 파워가 커져 버렸어요. 그게 무너지는 게 바로 춘추전국시대에요. 자율적으로 막 크니까요. 그런데 우리나라는 그런 봉건제가 시행된 적이 한 번도 없습니다. 그렇게 동·서양이 교류없이 지내다 근대에 들어오면서 통합되고 지금은 전 지구적인 과제를 떠안게 된 거죠.

근대를 경험하고 현대를 사는
당신의 선택은?

근대

민족
이성주의
자유와 평등
지역화
전통
이념적

현대

탈민족
탈이성주의
수정 민주주의
세계화
다문화
탈이념적

기계론적 발전사관
vs 순환적 유기체사관

● ◐ ●

┗ 세계는 기계의 발전과 함께 변화하고 서구에서는 생물학까지도 물리
학으로 환원해서 끊임없이 무언가를 만들어 내잖아요. 이것이 서구
발전의 중요한 한 부분이기도 했을 텐데, 발전하는 근대성의 기본원
리에 대응할만한 동양철학의 내용이 있습니까? 아니면 이런 내용이
없었기 때문에 동서양의 발달 수준에 있어 차이가 나는 것 아닌가요?

人 서구적 사관은 발전사관*이에요. 물리적으로 환원시켜서 문명을 발
전시켜야 한다는 것이죠. 기계적 사고주의라는 것은 '모든 걸 조합한
다'는 것입니다. 우리 말에 '노력하면 된다', '하면 된다'는 이 말은 조
합을 극대화시킨 말이에요. 이것과 저것을 결부시키는 것, 섞는 것,

* 발전사관 : 역사는 늘 발전해 나가게 되어 있다는 서구 정복주의 역사관의 기본이 되는 사관

합치는 것, 그래서 시너지를 낸다는 것이지요.

서양의 역사를 계속 보면 저쪽에서 뭐가 하나 짠 나타났어요. 그럼 다른 쪽에서 '저건 뭐야?' 하고 거기에 대응하는 뭔가가 또 새로 나타납니다. 그게 나 혼자서 안 되겠다 싶으면 다른 것하고 플러스를 시키거나 아니면 반발을 하든가 해야 합니다.

그런데 동양은 순환론적 사고**를 하거든요. 유기체의 순환, 매커니즘(mechanism)***이 아니고 오가니즘(organism)****입니다. 오가니즘은 분리할 수 없는 겁니다. 원래 있던 걸 환원시켜 나가는 겁니다. 이처럼 동양은 계속 돌아가면서 깊어지는 사고거든요.

한의학을 생각해보세요. 자기 몸 안에서 자연적으로 돌립니다. 남들이 잘하든 못하든 관계없이 내가 돌아갑니다. 그러면 그것은 기계적인 것이 아니란 말이죠. 그러니까 서구 사람들의 눈으로 볼 때는 이상한 거죠. 이것 먹다가 더 좋은 것이 나오면 저것도 먹으면서 발전해 가야 하는데 동양인들은 안 그러거든요. 이게 몸에 좋으면 계속 이것만 먹는단 말이죠. 다른 데로 안 움직여요. 그런 차원에서 서구 쪽에서 동양을 봤을 때는 굉장히 정체되어 있다고 인식하죠. 발전하지 않고 물이 고여 있듯이 정체되어 있다고 생각합니다. 그런데 실제

** 순환론적 사고 : 순환론적 역사관을 말하며, 사람의 생애는 성장해서 성숙하고 결국에는 노화하여 죽는 유형을 가지는데 역사도 이러한 유형을 가진다는 뜻과 농업중심사회에서는 역사를 자연의 일부로 보며 해마다 찾아오는 계절의 주기적 반복이 인간세계에서 좀 더 큰 주기로 재현된다고 생각한 것

*** 매커니즘 : 기계적 사고방식으로 작동하는 체계

**** 오가니즘 : 유기체가 자체적으로 자기 안에서 모든 것을 해결하는 방식

로는 그게 아니죠. 물이 고여 있는 것이 아니죠. 물이 고여 있는 것 같지만~ 고여 있는 물 자체를 계속 깊이 파고들죠. 그러다 보면 우물물이 맑아지게 되죠.

ㄴ　우물물이 맑아진다고요?

ㅅ　맑아지죠. 우물을 더 깊게 퍼내면 맑아지죠. 그런데 서양 사람들은 우물이 더러워졌다? 그럼 다른 우물을 파버립니다. 이 우물도 파고 저 우물도 파면서 자꾸 넓혀가는 겁니다. 그게 기계적이라는 겁니다. 다른 곳을 파려고 하면 어떻게 돼요? 다른 것과 같이 해야 합니다. 인위적으로 조합을 해야 되죠. 그리고 우물 파는 것을 따로 따로 분리할수가 있습니다. 그게 기계적인 방법입니다. 그런데 우물을 퍼내는 것은 어떻습니까? 분리가 안 되죠. 한 우물에서 우물물을 퍼내는 것은 분리가 안 되고 우물 안에서 해결해야 하거든요. 그것을 오가니즘이라고 합니다.

ㄴ　그럼 동양적 사고란 교수님이 첫 시간에 말씀하신 거랑 전부 일맥상통하는 거네요. 하늘은 원래 있었고 땅도 원래 있었고, 나와 자연은 하나, 원래 있었던 것에서 뗄 수 없으니 이것들과 어떻게 하면 조화를 이루며 잘살아 나갈 수 있을까…….

∧ 그렇죠. 서양은 필요하면 무엇이든지 다 만들 수가 있다고 봅니다.

└ 하지만 그렇게 기계적 세계관을 선택한 서양은 돈을 벌잖아요?

∧ 그렇죠. 서양 입장에서는 돈을 벌고 발전을 하죠. 자본주의가 대두되는 것도 그런 거예요. 서로 교환한다는 건데, 동양적 사고는 농경사회 자체에서 자급자족이거든요.
서양에서 상업이 발전하고 물물교환이 활발하게 이루어지지만, 동양에서는 물물교환이 있어도 서양처럼 활발하지가 않은 것, 그건 기계적 사고를 받아들였느냐 그렇지 않느냐에 따른 차이가 크죠.

민주주의 시대
개인이 바로 '군주'

┗   좀 답답한 게……. 어쨌건 우리는 돈을 벌어야 먹고사는 세대인데 거기에 대한 노하우가 동양철학엔 없는 것 같아서 서운해요.

ᐱ   그게 자본주의적 생각이 들어와서 근대와 현대가 섞인 겁니다.
무엇보다 동양은 고여 있기 때문에 윤리 도덕이 발달할 수밖에 없습니다. 왜? 이 안에서 해결해야 하니까요. 그런데 서양은? 윤리 도덕은 시대에 따라 바뀐다, 이렇게 나와요. 하지만 동양은 절대적으로 내려오죠. 그러니까 동양의 절대성과 서양의 상대성이 부딪치는 거예요. 지금 살아가는 사람들은 이미 근대를 경험을 하고 현대로 나아가기 때문에 예전에 있던 것들을 어떤 방식으로 가져와야 할지를 고민해야 합니다. 그것을 알고 고민해보는 것하고, 아무것도 모르고 '동양 것, 한국 것은 필요 없어' 하는 것하고는 질적으로 다른 거죠. 그렇기 때문에 우리는 개념을 가지고 살아가야 하는 것입니다.

ㄴ 그런데 교수님, 동양철학에서는 서양처럼 '더불어 살아야 한다'는 생각이 좀 약하단 생각이 드는데요. 동양고전에서 이에 대한 해석은 어떻게 하나요?

ㅅ 2017년 들어 우리가 많이 입에 오르내렸던 '농단'이라는 말 있잖아요. 그 말은 『맹자』에 나오는 말인데요. 농단이라는 것이 싹쓸이를 뜻하거든요.

시장에 갔어. 막 "골라 골라." 하고 바쁩니다. 그런데 어떤 사람이 높은 데 올라가서 보니까 장사가 어떻게 돌아가는지 다 보이는 겁니다. 그래서 높은 데 올라간 사람이 꾀를 내서 물건을 싹 쓸어 담는 거죠. 그래서 요새 단어가 바뀌어서 '자기 멋대로 해서 자신이 이득을 챙겼다'고 하는 것을 농단이라고 합니다. 갖고 놀았다는 거죠.

그런데 한번 봅시다. 사회가 딱 보니까 갖고 놀 수 있을 정도로 허점이 막 보입니다. 남 작가가 딱 보니까 신창호 등 몇몇 사람이 갖고 노는 게 간단해 보이거든요. 그럼 싹 쓸어 갈 수 있죠.

ㄴ 사회에 대해서 조금만 알면 농단은 얼마든지 할 수 있겠네요.

ㅅ 그런데 내가 가진 사람이잖아요? 그럼 뭘 해야 되느냐? 가진 사람이

니까 내가 다 가질 수도 있지만, 도덕적인 무언가를 발휘해야 됩니다. 남정미 백만 원 주고, 맹한승 백만 원 주고, 또 누구도 백만 원 주고 대신에 내가 조금 덜 가져가면 되겠다. 근데 자기 혼자 천만 원 싹 쓸 어가 버린다. 그럼 다른 사람은 쫄쫄 굶죠. 동양철학에서는 그런 것에 대해서 도덕적 호소가 가능하죠.

그래서 교육이 중요한 것입니다. 『논어』에도 사람들이 많이 모여서 '경제적으로 잘 먹고 잘살게 되었습니다. 그 다음에는 뭘 해야 합니 까?' 하고 물으면 '가르치라' 이렇게 이야기를 합니다.

┕   그래서 논어 제일 처음 나오는 말이 "학이시습지(學而時習之)면 불역 열호(不亦說乎)아", 배움에 대한 이야기였군요.

∧   누군가는 잘 먹고 잘사는 반면 또 다른 누군가는 못 먹고 못사는 사 람도 있겠지요. 그러면 잘 먹고 잘사는 사람들이 농단하고 자기 멋대 로 삽니다. 그런 사회는 짐승 수준으로 떨어집니다. 그러니까 교육을 해서 "야, 가진 사람이 그러면 안 돼. 베풀어주고 해야 돼." 이것을 일 러줘야죠. 그러기 위해서 교육이 필요한 겁니다.

┕   계속 반복되는 거네요. 사람들이 올바른 도덕적 호소를 할 수 있도록 교육을 해야 하고, 그렇게 교육을 잘 받은 사람은 또 다른 누군가를 위해 배운 것을 활용해야 하고요. 제자와 스승 모두 잘 가르치고 잘

배우려고 하는 자세가 되어 있어야 하고…….

∧ 그렇지요. 그걸 계속 조율해가고 고민해가는 것이 바로 폴리티스
(Politics), 정치입니다. 우리가 "대통령을 뽑는다, 국회의원을 뽑는다."
하잖아요. 현대 민주주의사회에서 시민은 현명한 선택을 통해 정치
를 가장 잘해 줄 누군가를 다수결로 뽑는 거지요. 그런데 뽑힌 사람
들은 위임을 받았으므로 그것을 실천해 줘야 하는데, 권력자들 중에
이상한 놈이 튀어나오고, 원칙이 무너지니까 태평시대로 못 가지요.

└ 그럼에도 불구하고 대중은 시대가 어두울수록 영웅을 기대하고 이상
향을 꿈꾸죠.

∧ 우리가 예상해야 되는 게 있습니다. 누가 되었다? 앞으로는 계속 태
평시대가 될 것이다? 동양에서 볼 때는 그것은 엉터리입니다. 그래서
맹자가 '일치일란(一治一亂)'이라고 했죠. 한번 다스려지고 한번 어지
럽혀진다. 물론 다스려지는 게 '10년 동안 잘 다스려지다가 어지럽혀
지는 게 10년이 간다' 이 말이 아니고 일 년 동안 잘 다스려지다가 뚝
떨어져서 10년 동안 혼란이 올 수도 있고, 10년 동안 잘 다스려지다
가 1년 동안 혼란이 올 수도 있는 걸 모두 일치일란이라고 합니다. 그
것도 자연의 원리에서 와요. 한번 낮이면 한번 밤이고, 그 다음이 또
오고 하는 거죠.

ㄴ   그리고 보면 공자의 『논어』나 『대학』 같은 책들은 요즘 시대에 잘 부
     합하는 얘기들이 많은 것 같아요. 그러니까 고전 고전 하고 아직도
     사랑받는 것이겠죠.

ㅅ   유교를 중심으로 한 동양철학은 기본적으로 왕정사회에서 나온 것이
     기 때문에 지배, 피지배 관계에서 성립하는 철학이에요. 그러면 천자
     가 됐든, 주군이 됐든, 왕이 됐든 지배자라 함은 정치지도자이고, 피
     지배자는 서민이겠지요. 자, 지배자는 피지배자를 잘살게 만들어줄
     수 있는 정치력을 발휘해야 합니다. 그걸 노심(勞心)이라고 하죠. 노
     심자(勞心者). 이게 수고로울 노 자거든요. 정신을 쓰고, 마음을 쓰면
     서 마음을 피곤하게 하는 사람이라는 뜻이에요.

ㄴ   지도자인데 피곤할 일이 있었을까요?

ㅅ   정치지도자는 살이 찌면 안 됐습니다. 왜냐면 머리를 짜내고 짜내야
     했거든요.
     만약에 백성들이 농사짓는다 하면 월령을 반포해서 '3월 1일부터 31
     일까지는 씨를 뿌려야 됩니다'와 같이 농사짓는 때를 알려줘야 합니
     다. 또한 세금을 거둬서 흉년 든 곳에 나눠주기도 해야 하고, 조절기
     능의 역할도 다 해줘야 하죠. 물론 왕 혼자 하는 것이 아니고 신하들도
     다 같이 합니다. 이런 것들까지 다 하는 사람을 지도자로 봅니다.

그러면 피지배자는 뭐 하느냐? 농민을 중심으로 한 피지배계급을 노력자(勞力者)라고 하거든요. 노력자는 힘을 써서 생산을 해야 합니다. 생산자는 생산을 해서 자기가 먹고살고, 어떤 일정액을 지도자에게 바칩니다. 지도자는 그것을 받아서 자기가 갖는 것이 아니라 나라살림을 보고 조절을 합니다. 이런 관계가 왕정시대의 민본사상이죠. 농경사회에서는 민본중심으로 갈 수 밖에 없습니다. 왜냐면 백성들이 근본이 되어서 농사를 지어서 올려야 지배자가 나눌 수 있는 특권이 생기니까요. 동양의 나눔정신은 혈구지도(絜矩之道)[15], 하내하동(河內河東)[16] 정신에 잘 녹아 있습니다.

ㄴ 아하, 민주주의 이전에 민본주의!

∧ 그런데 민주주의는 모두가 주인이 되는 겁니다. 이 민주주의는 농경사회에서 성립할 수 없습니다. 민주주의사회는 생산하는 사람이 다양해야 됩니다. 생산하는 사람이 다양해야 각각 주인노릇을 할 수 있죠. 민주주의는 산업사회하고 같이 나오거든요. 그러니까 공장생산자도 있고 금융자본가도 있고 이래야 산업사회가 되면서 민주주의가 싹틀 수 있는 거지요.

그런데 여기서 공통적으로 봐야 할 것이 뭐냐. 국민과 백성입니다. 민주주의사회에서의 피플(People), 국민이라는 개념과 왕정사회에서의 백성은 전혀 다른 개념이에요. 그 개념이 근대를 거치면서 현대까

동양의 나눔정신

絜矩之道

혈구지도

내 마음을 '자'로 삼아 남의 마음을 재고,
내 처지를 생각해서 남의 처지를 헤아리는 것

河內河東

하내하동

풍년이 들어서 남은 것으로 흉년이 든 지역을 돕는다

지 왔는데도 아직 사라지지 않았지요.

그러니까 지금까지도 우리는 대통령을 '다스리는 사람'이라고 생각하고 우리는 '백성' 이렇게 말하고 있는 겁니다. 아직 국민이라는 개념을 깨우치진 못한 거지요.

ㄴ 개중에 어떤 사람은 아닌데? 내가 세금 내는데 왜? 이런 사람도 있죠?

ㅅ 세금은 다 내는 거죠. 세금은 민주주의든 어디든 다 내는 겁니다. 나라에선 그걸로 조절 기능을 해야 하니까요.

왕정사회와 민주주의가 다른 것은 권력의 중심이 이동이 된 것입니다. 민주주의는 개인에게로 권리가 이동됐습니다. 민주주의가 되면서 자기에게 권리가 온 대신에 의무를 다해야 하죠. 하지만 왕정사회에서는 백성에게 권리가 없었습니다. 권리가 없으면 의무도 없지요. 내가 뭘 할 권리가 없는데, 의무가 어디 있어요.

세금? 억지로 내라고 하니까 내는 거죠. 예전에 화전민들 세금 안 냈어요. 지금은 어떻습니까?

ㄴ 국가가 철저히 관리하고 있죠.

ㅅ 그렇죠. 국가가 호구조사 해서 세금 다 받습니다. 옛날에는요, 호구조사 다 안 합니다. 그런데 뭐가 남아 있느냐? 인간이라는 건 안 변한다

는 거죠. 인간이라는 몸뚱아리 자체는 안 변해요. 산다는 것 자체도 안 변하고. 거기서 나오는 것이 윤리, 도덕입니다. 그러니까 인간으로서 마땅히 해야 될 도리가 만들어지는 거죠, 그것을 의(義)라고 합니다. 옳을 의. 영어로는 라이트(right)죠. 시시비비 할 때 시(是)거든요. 옳고 그름을 따진다고 할 때의 시 자는 영어로 하면 디스(This)예요. 이것. '이게 올바른 거다'라는 말이죠. 디스(This)라는 것은 댓(That)이 아니에요. '여기 지금 나한테 가까이 있는 이것을 행하라' 이 말입니다. 그러면 나중에 규정화하게 됩니다. 사람에게 있는 것, 가장 가까이 내면으로부터 나오는 것들, 이를테면 '내가 힘이 세다고 해서 사람 때리지 마라' 같은 기본적인 것을 규정화하게 됩니다. 이런 규정은 왕정시대나 민주주의시대에 동일하지요.

하지만 민주주의사회에서는 모든 사람이 각자 주인이잖아요. 각자 주인이니까 주인과 주인끼리 싸우면?

└ 힘 센 놈이 이기지요.

∧ 그러니까 싸우지 마라가 나오는 겁니다.

왕정에서는 그런 게 없어요. 이미 지배 피지배가 딱 나뉘어 있으니까 밑의 피지배자는 지배자에게 덤빌 수가 없습니다. 폭행, 이런 거 안 나와요. 단지 위에 있는 지도자가 알아서 운영하는 거죠. 그래서 왕정시대에 지도자에게 요구되는 것이 수양(修養)이었습니다. 백성들은 어리석은 자들이니까 교화의 대상이었죠.

그렇다면 전부 다 주인인 민주주의사회에서 시민들은 어떤 생각을 해야 하느냐. 이 사회에서는 옛날에 수양을 했던 지도자처럼 우리 모두가 지도자라는 의식을 가져야 한다는 겁니다.

└ 아하!! 그럼 "아니 이명박근혜가 대통령을 하면서 우리에게 해준 게 도대체 뭐야?" 하는 건 못난 짓이네요?

∧ 그것은 근대 이전 의식에 사로잡힌 사람입니다. 민주주의사회에서는 대통령한테 요청할 게 아니라 내가 해야 합니다. 대통령한테 할 수 있는 것은 '내가 너를 대표로 뽑아놨는데 왜 잘 못 해?' 하고 비판을 해야죠. 국민들이 비판을 해서 박근혜 전 대통령이 대통령직에서 내려온 거잖아요. 민주주의시대에는 대통령한테 요청할 거 없습니다. 대통령이나 나나 한 표를 행사하는 주권자이니까요.

자포자기 말고
궁리진성!

● 자본주의적 근대화의 병폐로 빚어진 이 물질만능주의와 비인간성, 이런 이기적 생활방식을 벗어날 수 있는 대안이 동양철학에 있을까요?

▲ 아니, 그걸 왜 벗어나려고 합니까? 그렇게 얘기한다는 것 자체가 절름발이 사고에요. "한국사회도 서구의 영향을 많이 받아서 자본주의 사회에서의 물질문명이 팽배하니 어서 정신문명을 도입해서 물질문명을 유화시키는 대안을 찾아보자." 이런 의견이잖아요.

그런데 그것은 동양철학의 정신에 본질적으로 위배되는 겁니다. 그게 바로 기계주의의 산물입니다. "야, 물질주의가 엄청나게 팽배되어 있으니까 동양적 사고를 여기에 집어넣어서 새롭게 바꿔보자." 말은 좋죠. 조화를 시켜서 물질주의적인 차원을 조금 낮추고 윤리적인 차원, 도덕적인 차원, 정신주의적인 차원을 넣어서 밸런스를 맞추자. 그런데 그것이야말로 기계주의적인 사고입니다.

물질문명이 아주 발달되어 있으면 그 자체를 낮출 필요가 없어요. 높여져 있는 건 그냥 그대로 두면 됩니다. 그 대신 이면(裏面)의 정신문명을 그만큼 올리면 되는 거예요. 이것을 그림으로 그리면 물질문명이 이만큼 더 올라와 있어요. 상대적으로 정신문명은 물질문명보다 좀 낮아져 있다, 그래서 균형이 안 맞다. 그러면 이만큼 커져 있는 것을 줄일 필요 없이 작은 것을 좀 크게 키우면 된다는 겁니다. 어떻게 해야 하느냐? 기여할 수 있는 역할 기능이 동양철학 안에 있습니다. 그리고 마찬가지로 서양철학에도 있지요.

우리가 물질문명이나 과학기술문명이 너무 팽배해져서 살기 힘들다, 어렵다, 인간이 소외됐다, 여러 가지 소리를 많이 하잖아요. 동양철학적 정신으로 따지자면 '왜 물질문명이 팽배되었는가?'를 먼저 살펴봐야 합니다. 이것이 내면의 성찰이고 수신(修身)과 통하는 겁니다. '왜 물질문명이 커졌을까?' 하고 생각해 보면 '인간의 욕망이 최고조로 발달했기 때문이다'라는 결과가 나오겠지요. 그러면 욕망을 없애자는 것이 아니고 '욕망을 조절을 해야겠군' 이런 방안이 나와야 하는 겁니다.

그렇다면 서양정신의 팽배돼 있는 물질주의와 동양정신의 잘 드러나 있지 않은 수양의 태도를 잘 조절해서 물질과 정신의 균형을 잘 맞추는 것이 또다른 중용적 태도가 될 수도 있겠네요?

ᐱ   그렇지요.

ᐤ   무엇을 좀 더하고 뭘 빼야 할지. 적당할 때를 아는 혜안도 필요하겠어요.

ᐱ   사실 제 나이 또래, 요즘 우리 50대들이 갖고 있는 생각 중에 많은 것
이 '돈을 10억을 벌었어. 이 정도면 성공했다 싶으면 이것 가지고 전
원주택이나 짓고 설렁설렁 쉬며 살아야지' 이런 생각들을 많이 하거
든요. 이게 얼마나 소모적입니까?

ᐤ   충분히 일할 에너지가 남아 있는데 쉰다고 하는 거 말이죠?

ᐱ   그렇죠. 자, 나는 50대야. 이 사회에 기여할 수 있을 정도로 많은 돈
10억을 벌었어요. 그런데 지금 내가 갖고 있는 것을 보니까 20억은
더 벌 수가 있겠는 거야. 그럼? 20억을 더 버는 곳으로 가야 하는 겁
니다. 더 벌고 버는 만큼 윤리적 행동을 해야 한다는 거죠.
예를 들어서 남 선생이 돈을 100억을 벌었어. 그래서 '나 100억이 목
표였는데 100억을 벌었으니 이제 안 벌 거야. 이제 편하게 살 거야'
하면 이거는 자포입니다. 자포자기 할 때 그 자포.
5, 60대는 노하우가 많거든요. 그런데 '아휴, 이 사회가 싫어. 나는 농
어촌에 가서 살 거야' 하는 건 잘못됐다는 거죠. 귀촌을 통해 새로운
변혁운동을 삼는 사람은 논외로 치겠습니다. 현실도피성 귀촌은 맹

자가 얘기했던 자포자기에요. 맹자는 "스스로 자기를 버리는 사람과
는 윤리도덕을 논하지 말라."고 아주 엄중하게 강조합니다.[18]

ㄴ　일할 능력이 되는데도 그냥 포기해버리는 것도 안 된다.

ㅅ　지금 능력이 엄청나게 업(up) 되서 활동도 많이 할 수 있고 뛰어난 성
과를 더 낼 수도 있다면 그렇게 해야죠.

동양적 진보주의는 거기에 있는 겁니다. 진보라는 것이 자체적으로
내 능력을 버리지 말고 최선을 다하는 거거든요. 그런데 사람들은 내
가 100억 벌었으니까 편안한 삶을 찾으려고, 다른 데서 찾으려고 합
니다. 그거야말로 극단적 기계주의에요.

여기서 우리는 자포자기의 또다른 양상을 알아야 합니다. 무슨 이야
긴가 하면, 자기가 임금을 뽑았거나 자기가 모시고 있는 사람의 능력
이 없다고 욕하는 것도 자포자기인 겁니다. 내가 모시고 있는 사람은
어떻게 해야 되요? 잘한다고 하고 도와줘야 하죠. 그런데 뒤에 가서
"안 돼, 택도 없어, 잘못하네." 하고 비난만 한다면 공동체 형성이 안
되잖아요. 한 몸이 안 된다고. 이런 게 다 자포자기입니다.

ㄴ　그럼 죽을 때까지 일하고 살아야 해요?

ㅅ　이런 사람은 여생을 편안하게 보내도 되죠. 완전 노인이 돼서 은퇴를

한 사람. 은퇴를 했다는 것은 일을 잘 못하고 내 한 몸도 겨우 가누기 힘든 사람이라는 거죠. 그런 경우에는 휴직을 하다가 조용히 가면 됩니다. 그런데 50대 퇴직한 사람들이나 돈을 갑자기 번 30대 40대들은 자기 능력이 사라진 게 아니에요. 얼마든지 그것보다 더 크게 일할 게 남아 있지요.

그것은 동양철학적인 입장에서 볼 때 사회를 엄청나게 잘못 끌고 가고 있는 거예요. 그런 사람들은 절대 리더하면 안 됩니다. 자기에게 남은 것, 몸에 진이 최대한 빠질 때까지, 그것을 진성(盡誠)이라고 하거든요. 뭐든지 해야 됩니다. 최선을 다해서 벌어서 나눠주면 됩니다. 그게 바로 자기 수양이고 수신이에요. 또한 자기를 돌아보는 성찰이지요.

나의 본성, 나의 성품을 다해야 됩니다. 내가 할 수 있는 때까지 최선의 노력을 경주하는 것, 그것이 동양철학을 공부하는 사람의 사고방식입니다. 그래서 윤동주가 「서시」에서 "죽는 날까지 하늘을 우러러 한 점 부끄럼이 없기를"이라고 했잖습니까. 인간이 일을 할 수 있다고 할 때까지는 해야 됩니다. 가장 좋은 것은 끝까지 일하다 죽는 건데 인간이 늙음이 오니까 끝까지는 안 되죠. 동양철학에서는 일하지 마라, 쉬어라, 그런 것 없어요. 생에 최선을 다해서 임하라는 대단히 적극적인 사고를 강조하고 있는 것입니다.

┗ 그러니까, 저기 밑에 서민으로부터 최고지도자까지 모든 사람이, 각

자의 직분을 충실히 수행하는 게 동양철학의 최고의 덕목이군요.

▲ 그리고 궁리진성을 가장 성실히 하는 자가 성인입니다. 궁리진성 (窮理盡誠)은 세상의 이치를 모두 캐묻고 알아서 그 진실을 다하는 사람을 말해요. 그러니까 스스로 노력하고 최선을 다하여 어떤 일을 하건 자연스럽게 척척 들어맞게 처리하는 사람이라고 할까요. 요즘 식으로 표현하면, 도사 같은 사람, 달인의 경지에 이른 사람을 일컫는 말입니다.

제 4장

무엇을
할 것인가?

4차 산업혁명시대에
유학적 사유란?

ㄴ　교수님, 4차 산업혁명시대는 우리가 몰랐던 존재들하고 상호 연관되
어서 살아가야 하는데 이런 불확실한 시대에 대응해 갈 수 있는 동양
철학적인 정신이나 가르침이 있다면 어떤 것들이 있을까요?

ㅅ　상당히 고민되는 문제죠. 미래학자들도 얘기는 하지만 고민을 많이
하는 건데, 그것은 이렇게 보면 됩니다.
공자가 이런 얘기를 하거든요. 하나라를 이어받는 나라로 기나라라
고 있어요. 공자가 기나라에 가봤더니 하나라의 문명이 별로 안 남아
있는 거예요. 그래서 공자는 "문명이 안 남아 있으니까 하나라를 설
명할 수가 없다." 하고 혼자 얘기할 수는 있었어요. 그 다음에 은나라
를 이어받은 나라가 송나라예요. 송나라에 가봤더니 은나라의 문명
을 증거할 만한 게 별로 없어요. 그래서 "내가 얘기를 할 수는 있는데

증거가 없어서 얘기하기가 좀 힘들다." 하고 얘기를 합니다. 그런데 주나라는 보니까 문명의 증거가 남아 있는 거예요. 그래서 "주나라에 대해 이야기 할 수 있다."고 하죠.

ㄴ 아하, 유교는 증거가 있는 것을 가지고 얘기하는군요.

∧ 자, 우리가 4차 산업혁명시대가 됐지요. 이 4차 산업혁명도 뭘 봐야 되느냐? 바로 이전 시대를 봐야 됩니다.
이전 시대가 1차 산업, 2차 산업, 3차 산업으로 쭉 왔는데 그것이 축적된 것도 있고 축적되면서 사라져버린 것도 있단 말이에요. 그것을 보면서 미래를 고민할 수밖에 없어요.

ㄴ 축적된 것들을 다 버리고 "야, 이제는 전혀 다른 시대가 와." 하면 안 되는 거군요.

∧ 4차 산업혁명시대, 물론 그전과는 다른 시대죠. 사람과 사물이 연결되고, 사물과 사물 간에도 연결되고, 모든 것이 연결되는 시대니까. 사람하고 대화하지 않고 인공지능하고 대화하는 그런 것이 자꾸 나타나니까 괴롭단 말이에요. 우리 인간의 의식은 과거에 축적되어 온 것에 집중되어서 그것을 바탕으로 미래를 살아갈 수밖에 없다는 겁니다. 그것을 전통이라고 하거든요. 그런데 앞의 것을 뚝 떼어버리고

"야, 이제는 전혀 다른 시대가 오니까 이제 완전히 다르게 생각해야 돼." 그거는 곤란해요.

그러면 우리는 이제 뭘 보는 것이 좋으냐? 가장 가까이에 있는 3차 산업혁명시대와 가장 멀리 있는 1차 산업혁명시대, 아니면 아직 산업혁명이 일어나지 않았던 시대를 동시에 놓고 봐야 되요. 그러면 고대 사회로부터 지금까지 그대로 내려오는 것이 뭐가 있습니까?

┗ 음, 먹고 자고 싸고…… 하……. 고 그런 거?

ᐱ 그렇죠. 밥 먹는 것, 잠 자는 것. 이런 것들은 안 변했죠.

자, 지금도 석기를 사용해요. 맷돌 사용하는 데도 있고, 맷돌 사용 안 했다가 다시 사용하기도 합니다. 손두부 만들 때 맷돌을 사용하죠. 이것은 뭐냐면 과거에 맷돌이 보편적으로 사용됐을 때하고는 분명히 다르지만, 무언가 완전히 100% 사라진 것이 아니고 1, 2%는 살아남아서 현재에도 어떤 역할을 하고 있다는 거예요. 그렇다고 이것만 가지고 먹고살 수는 없겠지요. 이것은 아주 부분적인 겁니다. 그러면? 부분적으로 남아 있다는 이 사실도 인지를 해야 됩니다.

추측해 보건데 4차 산업혁명시대에도 1, 2, 3차 때까지 왔던 것들이 주도적이지는 않겠지만 어떤 형태로든 남아 있을 수가 있다는 것을 일단 가정해야 됩니다.

그 다음 가장 가까이 있던 3차 산업혁명시대를 봐야죠. 그때에 있던 것이 4차 산업혁명시대에 얼마나 이어질 수 있을 것인가, 그것을 고민해야 되요.

ㄴ 교수님, 아니 4차 산업혁명에서 제일 무서운 건 인공지능, 기계가 인간을 지배하는 것, 뭐 이런 거잖아요. 인간과 사물이 연결이 되고 예전엔 이런 건 전혀 없었던 거라 알 수 없잖아요.

ㅅ 이전에 없었던 거다? 그런데 로봇은 뭘로 만들어요? 로봇을 만드는 것은 3차 산업혁명시대에 만들어져 나왔던 재료들을 가지고 만들잖아요. 물론 연결하는 방식은 다르겠지요. 재료가 없으면? 로봇을 못 만드는 거죠.
그러면 4차 산업혁명시대에 생활방식은 달라지지만, 그 생활방식을 형성해주는 재료는 3차로부터 오는 거예요. 그러면 우리가 예측할 수 있는 것이 뭐냐면 우리의 몸 자체는 건강하게 유지해야 한다는 것이 가장 기본입니다. 그 다음에 의식이라든가 연결되는 방식은 따라가면 됩니다.

ㄴ 오오.

ㅅ 큰일 났다고 생각할 필요가 전혀 없습니다. 큰일 났다고 생각하면 몸 자체를 무너뜨려야 되요. 그런데 몸을 무너뜨리면 안 되죠. 왜? 과거

로부터 지금까지 누적돼 온 것을 보고 사라져가는 것을 보니까 기본적인 것은 남겨 놔야 되겠다고 결론을 내릴 수 있는 거죠.

4차 산업혁명도 인간이 없이는 생각할 수 없는 거잖아요.

ㄴ 아, '쫄' 필요 없었네요. 그럼 우선적으로 우리 인간이 해야 할 것은 뭘까요?

ㅅ 일단 인간이 건강해야 하는 겁니다. 그 다음에 변화해가는 부분에 대해서 그 변화 추이와 트렌드를 잘 보면서 어떻게 따라갈 것인가를 고민하면 되요. 미리 나 자체를 없애버리면 안 됩니다. 그러면 변화하지 않는 것은 더 굳건하고 강건하게 만들어줘야 합니다. 그러기 위해선 우리 몸을 건강하게 해야 되죠. 더불어 사회도 건강하게 해야 되고요. 그리고 변화하는 부분에 대해서 추세를 봐야 되요. 그래서 중요한 것이 추세, 추이를 쭉 보는 겁니다. 변해가는 것, 그것을 인정해라. 추이라는 것이 대단히 중요해요. 그런데 사람들이 자꾸 5년 뒤면 이거 다 없어져, 직업이 60%가 없어진다고 하니까 세상이 개벽되는 것으로 생각하는데 그런 것은 인류사에 없습니다. 변화의 정도의 차이일 뿐이죠. 그러니까 우리에게 유학적 사고가 주는 것은 뭐냐? 첫 번째 우리의 개인적인 몸과 집단적인 몸을 더욱 강건하게 해라. 그렇다고 고집을 피우라는 것은 아닙니다.

주자학의 전파와
조선정신의 태동

ㄴ 유학은 어떤 매력을 지닌 철학인가요?

∧ 유학은 사람중심이죠. 사람 속으로 들어온다, 이것이 『논어』에서 말하는 인(仁)이에요. 어질 인. 어질 인 글자의 뜻은 두 사람 사이의 관계, 복수의 사람들입니다. 유교는 사람들 사이의 관계를 중시합니다. 사회를 더 중시한다는 말이죠. 영어로 소사이어티(society). 소사이어티라고 하면 '여러 사람이 모였다'는 뜻이거든요. 조합이라든가 마을단위를 소사이어티라고 해요. 개인보다 사회를 더 중시하는 것이 유교죠.

또 유학 이론에 들어가면 수기치인(修己治人), 성기성문이다 해서 '사람 세상을 어떻게 합리적으로 만들어 가느냐'에 대한 철학이 점수를 많이 받았습니다.

불교는 그런 점에서 보면 사회를 구성하는데 적극적이지는 않습니다. 반대로 불교는 그것을 해체시키는 겁니다.

┗ 아!!! 전혀 반대네요.

∧ 물론 불교도 순수 개인의 깨달음을 지향하는 소승불교도 있고, 개인의 깨달음을 넘어서 모든 존재의 깨달음으로 가는 대승불교도 있지만 전체적으로는 사회보다는 개인에 더 관심을 두죠. 그러다 보니까 상대적으로 조선사회에서 밀려난 겁니다.

┗ 교수님, 중국에는 다양한 유학이 성행했다고 말씀해 주셨잖아요. 근데 왜 조선으로 유학이 들어왔을 때는 주자학만이 주류로 들어온 거예요? 안향이 성리학을 도입했을 당시의 얘기 좀 자세히 해주세요.

∧ 주자학이 선택됐다기 보다는 우리나라에 전파된 게 주자학이었기 때문이죠.
주자는 1130년에 태어나서 1200년에 죽어요. 우리나라로 치면 고려시대겠죠. 그런데 이 주자가 태어나기 전, 중국 송나라 때 주자학의 기반들이 자리 잡힙니다. 당나라 시대 불교가 성행하면서 불교의 빈틈없는 교리체계는 유교에 큰 자극을 줍니다. 북송시대 주염계, 장횡거, 정자 형제 등이 전통 존재론에 근거해 이와 기의 세계관을 탐구

합니다. 그리고 그 학문이 중국 전역으로 퍼지게 됩니다.

고려 말에 우리나라는 몽골족인 원나라의 사위국가의 위치에 있었습니다. 그때 고려의 사신들이 원나라 수도인 북경으로 가보니까 거기에 주자학이 성행을 하고 있었습니다. 조선시대 공자를 비롯한 유학의 사상가들을 기리고 학문을 배울 수 있었던 성균관이 있었던 것처럼 북경에 가도 성균관이 있습니다. 그 당시에 중국 북경에서 주자 성리학을 가지고서 후학들을 가르치며 이름을 날리는 학자가 하나 있었어요. 그가 바로 허형*입니다. 당시 안향이 북경의 성균관에 가서 주자학의 일부를 베껴 오지요.

┗ 아니 왜 베껴 와요? 당당하게 배워오던가 하지 아니면 교과서 한 권 달라고 하던가.

▲ 중국 당나라 송나라 때는 당송팔대가**라고 해서 소식, 소철, 유원종 같은 명 문장가들이 있었습니다. 우리나라로 치면 이 사람들은 국무총리나 장관쯤 되는 높은 직위의 유학자들이죠. 이들은 문명국인 중화민족이나 한족이 오랑캐 나라들에게 책을 주면 안 된다는 정책을

---

* 허형 : 원나라 세조 쿠빌라이에 발탁돼 벼슬길에 오른 인물이다. 예의와 염치, 원칙과 소신이 뚜렷했던 허형은 쿠빌라이를 훌륭히 보필, '정관의 치'를 펼치게 한 당나라 위징에 비유 '원의 위징'으로 불려졌다.

**당송팔대가 : 당나라와 송나라 때의 여덟 명의 뛰어난 문장가. 당의 한유·유종원과, 송의 구양수·왕안석·증공·소순·소식·소철을 이른다.

폅니다. 왜냐, 책이라는 것은 일종의 문화고 문명이기 때문이죠. 발달된 문화문명이 사물로 나온 것이기 때문이죠.

└ 오랑캐들에게 책을 줘서 개들이 공부를 하게 되면 문명화 되어 중화민족을 치러 올 것이다. 뭐 그런 인식을 갖고 있었던 거군요?

∧ 당시 당송시대 정치지도자들 생각이 그랬습니다. 중국중심으로 보면 고려도 변방 오랑캐 나라였거든요.

└ 아니!! 우리도 오랑캐 취급을?

∧ 그래서 고려에 책을 안 줍니다. 책이 귀하기도 했고요. 그러니까 고려의 사신인 안향이 중국에 가도 책을 안 줬겠지요. 배워오고 싶은 마음은 있으니 허형의 주자학을 조금밖에 못 베껴 옵니다. 차라리『주자전서』*를 통째로 가져오면 되는데 조금 밖에 못 가져온 거죠.
그렇게 우여곡절 끝에 원나라의 유학의 일부를 가져와서 신진사대부들이 공부하고 고려 말에 이성계를 옹립하고 조선이 만들어지고 차

---

* 『주자전서』 : 송나라 때 주희(朱熹, 1130~1200)의 시문과 사상을 수록한 것으로 95책에 달하는 방대한 양의 저술. 사서(논어, 맹자, 대학, 중용) 해석을 비롯해 당대 중국의 사상과 철학, 주요 학자와의 서간문 등을 수록해 인간과 우주에 대해 깊이 생각하는 학문으로 체계화해 놓은 책. 이중 대표적인 학설인 주희의 이학은 주로 철학의 의리와 윤리도덕 학설을 포함한다. 그는 형이상학적이면서 정신적(유심적) 개념인 이(理)를 자기 철학체계의 기본 범주로 삼아 이와 기(氣)의 관계를 명확히 했다. 주희는 이를 천지만물에 앞서 탄생한 것으로 보았다. 즉 기에 앞선 것이 이이며, 기는 이에 의존한다는 것이 이학의 주요 논지이다.

즘차츰 내려오면서 유학이 발달하게 되지요. 오늘날의 헌법처럼 딱 만들어져서 국민들에게 전파하고 그렇진 않았어요. 그리고 한참 뒤 조선시대에 『주자전서』가 들어옵니다.

ㄴ 유학의 종류는 얼마나 많은가요? 성리학의 주요 이념은 무엇이죠?

ㅅ 유학은 기본적으로 종류라는 게 없습니다. 유학은 유학일 뿐이죠. 그런데 우리가 주자학이다, 양명학이다, 공자학이다, 맹자학이다 하는 것은 유학을 자기 식으로 발전시킨 사상가의 이름을 따서 형식적으로 분류해 놓은 것일 뿐입니다.

ㄴ 해석은 다르지만 '컵'을 말하는 것은 똑같다. 이렇게 생각하면 되나요?

ㅅ 자, 예를 들어서 격물치지(格物致知)라는 개념에 대해서 알아봅시다. 일반적으로 격물(格物) 하면 어떤 사물을 공부한다, 연구한다, 탐구한다, 이렇게 해석이 되거든요. 그런데 그 '격(格)' 자에 대해서 주자는 '이를 지(至)' 자로 해석해서 다가가다는 의미로 하자고 합니다. 내가 그 사물에 다가가서 사물을 파악한다고 보는 거죠. 사물을 파악하려면 그것에 다가가서 만져보고 뒤집어보고 해야 할 것 아닙니까. 그러니까 주자는 '이르다'로 해석을 하였죠. 그런데 왕양명이라는 사람은 격물할 때 '격(格)' 자를 '사물에 다다간다'고 해석하지 않고 바를 정

(正) 자로 해석해요. 그래서 '사물을 바르게 한다'로 해석합니다. 그러니까 주자는 격물치지할 때 격물을 주장을 했고 왕양명은 주장을 안 했다는 의미가 아닙니다. 다만 유교 안에서 '격물(格物)'이라는 것이 똑같이 그대로 있습니다. 그런데 주자는 '다가가서 이것을 본다[格, 至也]'고 해석을 하고, 왕양명은 '삐딱하게 놓여 있는 것을 바르게 놓는다[格, 正也]'고 해석을 합니다.

∟ 역시 한 개념에 대해 해석을 다르게 했군요. 그런데 왜 그랬을까요? 잘난 척하는 영역표시? 아니면 나는 이렇게 다르게 보고 있다, 뭐 이런 시각의 차이를 과시하려고?

∧ 시대가 다르면 생각이 다르니까요. 기본적으로 유학은 공자, 맹자를 중심으로 하는 학문입니다. 그런데 상황과 변수에 따라서 같은 개념을 다르게 해석할 뿐입니다. 중국의 유학은 공자의 어질 인(仁)을 얘기했고, 조선 유학은 인을 다루지 않았다고 말하지 않습니다. 인을 얘기하지 않으면 유학이 아닌 거죠. 그런데 중국 쪽에서는 인을 사랑으로 번역했다면 조선시대에는 포용으로 번역한 정도가 다를 뿐입니다. 따라서 그것은 시대상황과 지역상황, 유학자의 인식에 따라서 조금씩 해석이 다른 것뿐입니다.
유가에 학파가 많다고 얘기를 하잖아요? 크게 시대적으로 구분하면 됩니다. 우리가 흔히 아는 공자, 맹자파를 원시유학 내지는 본원유학이라고 해요. 그리고 불교가 들어온 후 새로 들어오는 유학을 신유학이라고 합니다. 주자하고 왕양명이 대표적인 사상가죠. 그리고 조선시대에 와서 퇴계선생의 유학을 퇴계학, 율곡선생의 유학을 율곡학 이렇게 얘기합니다.

율곡과 퇴계의 유학세계,
이와 기는 오묘하다

L　율곡이 말한 '기', 퇴계가 말한 '이' 이게 뭐지요?

∧　이와 기가 뭔지 설명해 줄게요.

이는 이치라고 하잖아요. 한자로 하면 이치 '리(理)' 하면 이에다가 치
(致)를 또 하나 붙인 겁니다. 이치 '리'가 '리'하면 끝나는데 치 자를
더 붙여서 한자를 두 개를 만든 거죠. '리(里)' 자 앞에 보면 임금 왕
(王)이 붙어서 이치 리(理)가 되었죠. 그런데 그게 임금 왕(王)이 아니
고 구슬 옥(玉) 변입니다. 구슬은 뭘 얘기하냐, 돌덩어리를 얘기해요.
그럼 리는 뭐냐면 돌에 보면 결이 있습니다. 돌에 결이 있는 것처럼
사람에게는 살결이 있고 물에는 물결이 있고 바람에는 바람결이 있
죠. 예를 들어서 물결이 세다고 하면 파도가 많이 치고, 물결이 잔잔
하다고 하면 파도가 안 치는 걸 말하지요. 세다, 잔잔하다가 물이라는

결의 형태를 나타내는 거잖아요. 그와 마찬가지로 리는 결 리 자입니다. 한자로 말하면 결이 곧 이치라는 말이죠.

이 세상의 모든 사물에는 다 결이 있습니다. 물에는 물결이 있지만 그 물결은 센 결이 있고 약한 결도 있죠. 사람에게는 사람 결이 있고 소나무에게는 소나무의 결이 있고 돌, 개, 소 이런 모든 것에는 그 나름대로 결이 있습니다. 요새말로 특성이 있다는 것이죠. 그런데 그 특성은 모든 사물마다 같아요, 달라요?

└ 달라요.

∧ 다르죠. 그걸 이라고 합니다.

그러면 이 세상에 존재하는 모든 사물의 '리'는 뭐냐면 그 사물의 특성이자 본성, 성질이에요. 그걸 성(性)이라고 합니다. 그래서 성리학에서는 성(性) 즉 '리(理)'라고 하죠.

└ 그럼 그 사물이 갖고 있는 특성, 본성이 그 사물이 갖고 있는 결이 되는 거네요. 그리고 그걸 '리'라고 한다?

∧ 그렇죠. 그럼 남 작가한테 하나 물어봅시다. '리'는 변해요, 안 변해요?

└ 타고난 것은 안 변한다고 하잖아요. 특성이고 본성이자 성질은 타고

난 거니 안 변하겠죠,

^ 그렇죠, 안 변합니다. 불변적인 특성을 갖는 것이 바로 리입니다. 리는 모든 사물에 다 있어요. 그런데 사물마다 같아요, 달라요? 다르잖아요. 그것을 '이일분수(理一分殊)'라고 합니다.
조물주가 있다면 모든 사물에다가 결인 '리'를 부여했어요. 그러면 모든 사물이 '리'라는 것, 본성이라는 특성을 갖고 있다는 차원에서 보면 같아요, 달라요?

ㄴ 누구나 불변의 성질을 갖고 태어난다는 것은 같죠.

^ 그렇죠, 그 점에서는 같지만 또 사물마다 보면 결이 다르죠. 이것을 '이통(理通)'이라고 그럽니다. 같기도 하고 사물마다 보면 다른 것. 같은 것은 통째로 있는 겁니다. 그리고 사물마다 다르게 돼 있어요. 그걸 분수라고 합니다. 사람들이 '네 분수를 알아라' 하잖아요. 그때 그 분수. 그게 사람이 갖고 있는 틀, 그 사람이 갖고 있는 결이라고 보면 됩니다.
자, 여기 사람 셋이 있습니다. 그리고 저기 개가 세 마리가 있어요. 개의 특성하고 사람 셋의 특성하고 같을까요, 다를까요?

ㄴ 개하고 사람은 다르죠.

성[性] 즉 '리[理]'

유학은 '리'를 탐구하는 학문

인리[人理], 물리[物理]

∧ 자, 우리 둘은 사람이라는 것으로의 보편적인 특성을 가집니다. 그러면 보편적인 '리'가 있지요. 개들도 개들 나름대로 있고요. 그런데 우리 사람은 각각 보면 다릅니다. 그걸 특수성이라고 말하기도 하고 기질이라고 하기도 합니다.

기질지성, 본연지성이라는 말이 있어요. 사람으로서 타고난 유사한, 보편적인 특성을 본연지성(本然之性)이라고 합니다. 그리고 사람마다 다르게 타고난 것을 기질지성(氣質之性)이라고 하죠. 그런데 이것도 다 성품인 겁니다. 그래서 성품에는 보편적인 '리'가 있고 각각의 사물마다 다른 특수한 '리'가 있는 겁니다.

사람 안에서도 팔의 '리'와 발의 '리'가 다르죠, 눈의 '리'가 다르고. 그러면 눈의 '리'는 뭐에요?

└ 본다는 거?

∧ 그죠. 그게 눈의 '리'에요. 손은?

└ 만지는 거요.

∧ 발은?

└ 디디고 서는 것.

자, 그럼 눈으로는 뭘 해야 되요? 눈의 이치에 따르면? 보기만 해야 되요. 그게 눈의 결이에요. 눈을 가지고 발처럼 딛고 선다, 눈 아파 죽어요.

사람은 결을 파악하는 것이 가장 중요해요. 모든 존재의 결을 이치라고 합니다. 이 세상 이치인 '리'를 파악하게 되면 그 사물에 대한 대처 방식을 알아요. 눈을 파악했는데, 눈은 보는 것이 이치였다. 그럼 누군가 공격을 못하게 하려면 눈을 막아버리면 되지요. 눈을 막아버리면 못 보니까. 그것은 눈이라는 '리'가, 눈이라는 이치가 '보는 것'이라고 한정되어 있기 때문이에요. 내가 그것을 알고 눈을 막아버리거나 귀를 막아버리면 못 보고 못 듣고, 활동도 못하죠.

유학에서 공부라는 것은 '리'를 파악하는 겁니다. 이치를 파악하는 것이죠.

학자마다 견해를 달리 하는 것이 있는데요. 이가 중요하냐, 기가 중요하냐 이겁니다.

어떤 사람은 손이라는 것은 '잡는 것, 혹은 만지는 것 – 이렇게 부여된 자체가 중요한 것이지, 목적이 없는데 움직이면 뭐 하나? 잡는다는 목적이 더 중요하다' 해서 '리'에 무게중심을 두는 사람이 있습니다. 또 어떤 사람은 '원래 있는 걸 뭘 따져, 그게 아니지, 움직이는 게 더 중요하지' 하면서 활동성인 기에 중심을 두는 사람도 있겠지요.

그래서 '리'중심이다, '기'중심이다는 주장이 나오는 겁니다.

ㄴ　그러면 율곡 이이는 이기론을 주장했으니까 활동성을 더 중요하게 생각한 거네요?

ㅅ　아니, 둘 다 했죠. 우리가 '이이가 기를 더 중요시했다'고 잘못 알고 있는 것은 일본 사람들이 그렇게 만든 겁니다. 이기일원론자, 이기이원론자. 이런 걸 서양철학에서 따가지고 와서 말을 붙인 건 일본 사람들이거든요. 우리는 그걸 쓰면 안 돼요. 그러니까 제가 한마디도 안 하잖아요. 옛날에 시험 보는 사람들은 중요했는데 주자는 그렇게 얘기한 적도 없어요. 단지 이기지묘(理氣至妙)라는 말이나 이통기국이라는 용어는 썼죠. 분리와 합, 통합, 이런 말은 사용했죠. 하지만 이 하나만 본다, 기 하나만 본다, 그럴 수는 없지. 이기이원론(理氣二元論)이다 이런 말은 안 썼습니다.

ㄴ　느낌이 약간 닭이 먼저냐, 달걀이 먼저냐 그런 것 같아요.

ㅅ　이하고 기하고 어느 것이 먼저냐 할 때는 주자가 이가 먼저라고 얘기는 하죠. 왜냐면 뭐가 있어야 움직이지, 아무것도 없는데 움직이나? 원래 목적이 있고 뭘 하는 거지, "그냥 하면 돼." 하면 안 된다는 거죠. 그런데 유교 중에도 불교처럼 목적도 없이 그냥 흘러가는 학파가 있어요. 왕양명이 "마음이 곧 이치다." 했거든요. 왜 마음이 이치에요? 이치라는 것은 분명한 뭔가가 있어야 하는데……. 마음은 붕 떠 있는

거잖아요. 그래서 양명학이 불교 쪽으로 너무 가서 유학의 목적성을 잃어버렸다고 비판받게 됩니다.

ㄴ 율곡 이이나 퇴계선생처럼 이와 기의 중요성을 다 주장한 대유학자들이 주자학을 공부하고 나서 말씀하고자 한 것은 뭐였을까요?

ㅅ 유학의 주장들은 궁극적으로 정치를 위한 것이었으니 세상을 잘 파악해서 정치를 잘하라는 거였겠죠. 정치를 잘해야 개인도 잘 먹고 잘 사니까. 그리고 열심히 배워라. 그때는 성인군자처럼 배운 사람이라야만 세상에 나가 자신을 펼칠 수 있었지요. 배운 사람이라는 것이 국어, 영어, 수학의 지식을 배우는 것이 아니고 세상에 대해서 배운 사람이라는 거예요. 옛날 성인이 되려고 하는 사람은 물리(物理)와 인리(人理)를 다 알아야 했습니다. 먼저 우주자연의 법칙을 알아야 합니다. 사물의 이치를 물리라고 하거든요. 물리는 왜 알아야 되느냐? 그 나라의 자연지리, 천문을 알아야 농사를 짓던 뭘 하건 생존이 가능하죠. 그래서 물리를 배워야 했습니다. 그 다음은 인간세계를 배워야 합니다. 인간세계엔 법칙이 있는데요. 그것을 인리라고 말합니다.

ㄴ 사극에서 보면 임금들은 완전 갓난 아이 때부터 책 읽고 하더니, 지도자들은 정말 이것저것 잡학지식까지 많이 알았어야 했군요. 열심히 배워 둬야 했겠네요.

유학은
허학이 아닌 '실학'이다

ㄴ   퇴계 이황선생의 태극도 제1에 음양오행이 들어간 이유는 무엇인지
요?

ㅅ   태극도는 퇴계 이황의 『성학십도』의 첫 번째 그림입니다. 이는 다양
한 학술 이론에 근거하여 설명할 수 있습니다만, 상당히 어렵습니다.
아직도 많은 학자들이 연구를 거듭하며 그 본질을 밝히려고 애쓰는
주제이기도 합니다. 왜냐하면 유학이 가정하는 천지우주의 발생과
그것이 인간사회로 연결되는 거대한 우주 본질론을 다루고 있기 때
문입니다. 이는 원래 주렴계의 태극도설에 근거하는데, 그 그림에 대
한 설명은 다음과 같습니다.

"무극이면서 태극이다. 태극이 움직여 양을 낳고 움직임이 다하면 고
요해지니 고요하여 음을 낳게 한다. 고요함이 다하면 다시 움직인다.

이와 같이 한번 움직이고 한번 고요한 것이 서로 근본이 되어 음과 양으로 나누어져 양의(兩儀)가 성립한다. 양이 변하고 음이 화합하여 수(水) · 화(火) · 목(木) · 금(金) · 토(土)를 낳아 오기(五氣)가 차례로 베풀어지고 사시(四時)가 운행한다. 오행(五行)은 하나의 음양이며 음양은 하나의 태극이고 태극은 본래 무극이다. 오행이 나오는데 각각 그 성(性)을 하나씩 가지게 된다. 건도(乾道)가 남성을 이루고 곤도(坤道)가 여성을 이룬다……."

ㄴ 음, 굉장히 심오하네요.

︿ 여기에서 태극도의 처음 그림은 음양(陰陽) 변화의 근원을 말하였고, 그 아래로 나아가면서 사람이 천성적으로 타고난 성품을 밝혔습니다. 주렴계가 말한 "사람만이 특출하고 가장 영험하다."라는 뜻이 바로 순수지선(純粹至善)의 성(性)이고 이것이 바로 태극입니다. 이 그림은 『주역』「계사」의 구절인 "역(易)에 태극(太極)이 있다. 이것이 양의(兩儀)를 낳고 양의가 사상(四象)을 낳는다."라는 뜻을 미루어 밝힌 것입니다. 유학의 우주발생론을 아주 간략하면서도 체계적으로 밝힌 대목입니다. 그래서 유학의 공부론을 체계적으로 일러주는 『성학십도』의 첫 번째 그림으로 배치되어 있는 것입니다.

ㄴ 조선시대에 보면 당파가 나뉘어서 엄청 싸우게 되잖아요. 훈구파, 사

태극도

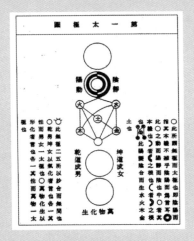

"만물은 무극이 태극의 이치에 따라 만들어졌다.

사람도 같은 이치에서 나왔으므로 이 도리를 따르는 것이 성인이다."

중앙의 원과 직선으로 이루어진 오행 관계도가 보인다.

림파 등등. 이렇게 패 갈려서……. 글공부만 하신 병약하신 양반들이 공부 계속 하시지, 왜 서로 싸웠던 걸까요?

유교뿐만 아니라 전 세계 동서고금을 막론하고 인간이 사는 모든 곳에는 패거리가 있습니다. 없을 수가 없죠. 그런데 왜 그런 패거리가 나타나느냐? 지향점이 달라서 그렇습니다. 삶의 지향점이 달라서죠. 요새말로 훈구파는 보수, 사림파는 개혁파라고 볼 수 있습니다. 그렇다면 훈구파, 사림파가 나타나는 것은 왜 그러냐? 당파싸움이 일어나는 것은 또 어떤 연유냐? 사실 그 원인을 파악하는 것도 매우 복잡합니다.

그 원류를 보면 고려 말부터 조선시대가 들어서면서 유교중심으로 재편되어 나라를 세우게 되잖아요. 그러면 고려 말파가 있고 새 왕조파가 있겠지요. 그래서 "오백년 도읍지를 필마로 돌아보니~" 하며 산속으로 은둔해버린 사람이 있고, "이런들 어떠하리 저런들 어떠하리~" 하는 이방원 같은 사람도 있습니다. 왕조가 바뀌었는데 '나는 새로 생긴 왕조에서는 밥 안 먹어' 하고 산으로 들어간 사람의 대표적인 사례가 백이 숙제 고사입니다. 백이 숙제는 주나라가 새로 들어서자, '나는 새로 만들어진 나라에서 밥 안 먹어, 산에 숨어 살면서 고사리나 뜯어먹고 살다 죽을래' 하면서 산 속으로 숨어 버립니다. 그런데 공자가 백이 숙제를 굉장히 높이 평가했습니다. '저 정도의 의리는 지켜야지 유학자'라는 겁니다.

┗ 그래서 유학자들이 끝까지 배운 것들을 백성에게 알려 교화시키려고 하고, 의리를 지키려 했군요. 그것이 유학자의 중요한 처세라고 생각했으니까요.

^ 그런데 그 의리를 지킨다는 게 상황에 따라 서로 다르게 해석될 수 있었죠.

훈구파는 옛날로부터 내려오던 전통을 잘 지켜가려는 유학자파들입니다. 훈구(勳舊)라는 말은 교훈할 때 훈(勳) 자에 옛날 구(舊) 자를 써서 옛날 것을 교훈삼아 그대로 유학의 전통을 지켜나가자는 의미입니다.

중국은 송나라, 원나라, 명나라, 청나라로 내려오는데, 송나라와 명나라는 한족이고 원나라는 몽골족, 청나라는 만주족입니다. 따라서 한족의 시각에서 보면 원나라와 청나라는 오랑캐지요. 훈구파들은 명나라를 높이면서 내려오던 집권 여당격의 유학파입니다. 이에 반해 사림파는 고려 말 신흥사대부의 한 파인 정몽주, 길재 등으로 대표되는 온건개혁파의 학문을 계승한 사람들입니다. 조선 개국 이후 성종 대에 길재의 손제자인 김종직이 정계에 진출한 것을 시작으로 김굉필, 정여립, 김일손 등이 그 뒤를 잇습니다. 이들은 길재를 공통의 스승으로 모시는 학통을 가진 정치세력입니다. 대체로 영남지방의 유학자들로 보수 여당격인 훈구파와 대립하게 되지요. 이 두 파가 조선 중기 때부터 갈라집니다.

퇴계는 경상도 사람이거든요. 그래서 영남학파의 우두머리가 되죠. 율곡은 경기도 파주가 집입니다. 파주 쪽이다 보니까 경기도인데 충청도하고 전라도하고 이어져요. 경기도의 기(畿) 자와 호서지역의 호(湖) 자를 따서 기호학파라고 합니다. 이렇게 영남학파와 기호학파로 크게 나뉘죠.

퇴계하고 율곡 때부터 서서히 파가 많이 갈라지면서 16세기로 내려갑니다. 파가 갈라지는 이유는 예학 때문에 갈라서게 된 것이죠. 예학은 예절, 예의라는 의미거든요.

예학은 지방마다 다 다르게 적용됩니다. 예를 들어서 계단을 올라가려고 하는데 신창호는 두 계단씩 올라가는데 남정미는 한 계단씩 올라갑니다. 그러면 어느 것이 맞습니까? 맞는 게 어디 있어요? 사람마다 각자 다르죠. 그런데 문제는 계단을 두 개씩 올라가야 되는지 하나씩 올라가도 되는지 『예기』에 이론이 다 나와 있다는 게 문제였죠. 그래서 어떤 사람은 『예기』의 이 부분을 제시하며 이 주장을 제기하고, 또 어떤 사람은 또 다른 부분을 제시하며 다른 주장을 하는 겁니다. 그러면서 기호학파, 영남학파에서도 파가 나뉘어져 다시 노론, 소론, 동인, 서인 등 복잡하게 갈라지기 시작하죠.

충청도에 가면 우암 송시열이라는 노론의 영수가 있습니다. 효종 때 북벌을 주장한 기호학파의 거두죠. 그런데 그 사람의 이름이 경상도에 가면 개이름에 붙습니다. 다시 말하면 영남학파 쪽에서 기호학파 노론 쪽을 상당히 무시한다는 의미입니다.

ㄴ 약간 '초딩' 학생 같아 보여요. "야, 우린 190페이지 보는데 넌 왜 딴 페이지 보는 거야, 너 별로야." 이렇게…….

ㅅ 지금 봤을 땐 학문의 다양성에 불과한데 상당히 잘못된 거죠. 그런데 그 당시에는 각 파들이 목숨을 걸고 싸웁니다.

예를 들어서 부모님 상을 일년상을 하느냐 삼년상을 하느냐, 묘지 이장을 이렇게 해야 되느냐 저렇게 해야 되느냐 등등의 사안을 놓고 사사건건 죽어라 그야말로 치고받고 싸웁니다. 지금 보면 똑같이 화장해서 뿌리면 그게 그건데 말이에요.

당시 당파싸움을 요새 식으로 표현하면 "예(禮)라는 형식주의에 지나치게 골몰돼 있으면서 생긴 폐단"이라고 말할 수 있겠습니다.

ㄴ 이 싸움이 오랫동안 지속되었나요?

ㅅ 결국 이런 걸로 싸우다 정치까지 연결됩니다.

쟤는 남인이니까 안 돼, 동인이니까 안 돼. 조선 후기엔 기호학파가 권력을 잡거든요. 대표적인 것이 노론입니다. 경상도 쪽은 남인이 많은데 그쪽이 조금 소외되죠.

ㄴ 17~18세기가 되면 조선에 실학이라는 새로운 학문이 서서히 발생하게 된다고 알고 있는데요. 실학은 어떠한 성격의 학문인가요? 유학이

랑 같은 것인가요?

▲ 실사구시(實事求是) 학문이다, 그래서 실학이다?

그런데 사실 유학에서 실학이라는 새로운 학문은 없습니다.

『중용』장구에 보면 중용 서문이나 해석에서 불교를 허학(虛學)이라고 하고 거기에 대비해서 유학을 실학(實學)이라고 합니다. 불교나 노자, 장자 등 비어 있는 것들, 놀고먹는 것들, 청담(淸談)이나 즐기고 알차지 않은 것들에 빌 허(虛) 자를 붙여 허학이라고 했고요. 거기에 비해서 유학은 실제적인 학문이라고 봐서 붙여진 개념입니다.

유학자 입장에서는 허학을 하는 사람들을 취급 안 해 줍니다. 붓글씨 안 쓴다고 죽습니까? 아님 코미디 안 한다고 죽나요? 대신에 농사 안 지으면? 죽습니다.

이렇게 농사짓는 데 필요한 정신력, 이치 파악하는 것, 달력 만드는 것, 천문 관찰하는 것, 그런 게 전부 실학입니다.

┗ 그럼 왜 조선 후기 영정조시기에 나온 학문을 '실학'이라는 명칭으로 따로 분류한 거예요?

▲ 16세기 무렵은 청나라가 등장하는 시기입니다. 그리고 청나라가 등장하면서 중국에 서학(西學)이 들어옵니다. 과학기술문명이라든가 천주교라든가 그런 것이 들어오죠. 그런 것이 또 조선에 영향을 미쳐

요. 그 시기에 박지원이라든가 박제가 같은 사람들이 청나라 수도인 북경에 가서 '벽돌이 어떻게 쌓아졌나?' 이런 것을 보고 와요. 실제생활에 필요한 것을 보고 오죠. 그런데 그 당시 조선의 성리학자들은 노론, 소론, 남인, 북인 해서 말싸움만 하고 앉아 있죠. 그런데 임진왜란 이후에 백성들은 어떻게 됐어요?

└ 완전 엉망진창이었겠죠. 전쟁 나서 다 불타고, 그런 상황에 농사에 힘 쓸 여력이 있을 리도 만무하고…….

∧ 그렇죠. 흉년도 들고 힘들어 합니다. 이럴 때 중요한 것은 백성들이 빨리 농사를 지어서 먹고살 수 있게 해주는 것입니다. 박지원, 박제가, 홍대용 같은 사람들이 실제적인 것들을 연구하고 저서를 내놓았죠. 지구가 자전을 하고, 벽돌은 어떻게 쌓고, 농사 지은 수확물은 어떻게 운반해야 하는지 등등. 이런 일상의 실용적인 문제에 관심을 둔 거죠. 그래서 실학이라고 이름 붙이게 된 겁니다, 그런데 정작 본인들은 이것을 다 유학이라고 하지 실학이라고 이름 붙이지 않습니다.

└ 아니, 어쩌다가 저는 유학이 아니라 실학의 선구자 '홍박박'이라고 외우고 있을까요?

∧ 1960년대부터 우리 역사학계에서 조선 중기까지의 성리학과 구분해

조선 후기 유학을 실학이라고 한다고 구분했기 때문입니다. 민생에 힘썼어야 할 시기에 노론, 소론 등 당시 유학자들은 정치권력을 갖고 싸우고, 성리학의 개념만 가지고 논쟁만 벌이는 공리공담(空理空談)에 빠졌다고 본 것이죠. 그런데 그와는 달리 유학 중에서도 실제적인 측면에 힘쓴 유학자들이 나타나 이들을 실학자라고 따로 명명하게 된 것이죠. 사실 유학의 테두리 안에서 이때의 실학이 민생에 크게 힘쓴 학문이라고 보면 틀림없을 것입니다.

변방 중의 변방에서
꽃 피운 조선 유학

┗ 교수님, 조선 유학이 세계적으로 자랑할만한 정신적 · 철학적 유산이 있다면 어떤 것들이 있을까요? 우리 자랑 좀 해볼까요?

∧ 부정적인 측면만 보면 여러 가지 논란이 있겠지만, 제가 볼 때는 그 렇습니다. 제일 먼저 봐야 할 것은 한반도라는 지리적 풍토 속에서의 장점과 훌륭한 유학자들의 독창적인 유학사상, 그리고 사회문화에서 장점을 봐야 합니다.

자, 주자학을 자연지리적 입장에서 본다고 하면 우리나라는 전 세계 적으로 가장 후미진 곳에 있습니다. 파 이스트(far east), 아시아에서도 변방 중의 변방이지요. 그러면 변방 중의 변방이 할 수 있는 것은 뭘 까요?

└ 다른 더 큰 나라들의 기술을 들여오든가 계속 홍보하고, 우리가 강한 기술을 개발해서 세계의 중심으로 진출해야죠!!

∧ 제가 볼 때는……. 계속 변방으로 남아야 됩니다.
자꾸 사람들이 "우리가 세계 주체로 떠오른다, OECD에 들어갔다." 이렇게 얘기하는데 제가 볼 때는 전 세계의 유명한 선진국들은 한국에 대해서 별로 신경 안 씁니다. 여기서나 외교한다고 하면 협력관계, 공생관계, 우방, 이런 소리 하지 별로 신경 안 씁니다.

└ 아니 이렇게 변방에 찌그러져 있으면 자부심도 안 생기고……. 어떻게 해요?

∧ 그러면 우리는 무슨 의식을 가져야 하느냐?
철저하게 변방의식을 가져야 되요. 철저하게 변방의식을 가지면 지금까지 내려왔던 전통, 다른 데서 갖고 있지 않은 전통을 보존할 수 있습니다. 그 자체가 장점이 되는 거죠.
현재의 조선 유교도 아주 독특한 것이지만, 조선 천주교, 조선 기독교 다들 아주 독특한 문화입니다. 왜냐? 우리가 변방이었기 때문에 가능했습니다.
지리적 특성으로 보면 조선이라는 나라는 성리학의 나라입니다. 그런데 그 성리학의 전통을 전 세계에서 그래도 가장 순수하게, 가장 알차게 갖고 있다, 이렇게 되어 있죠. 이것이 존재한다는 자체가 세계적 유산입니다.

여기서 뻗어나가는 게 『조선왕조실록』으로 대변되는 조선의 기록문화입니다.

이건 곧 춘추라는 역사정신*이거든요. 그리고 부모형제 친인척이 돌아가시면 산소를 만들어 그것을 중심으로 관계를 확인합니다. 가문의 혈통을 비롯하여, 그것이 확대된 사회에서 자신의 위치와 역할, 책임, 임무 등을 정돈해 나갑니다. 이런 것들은 다른 데는 없습니다. 이것은 유학의 예학이죠. 조선 성리학의 예학으로부터 쭉 나오는 겁니다. 그 밖에도 변방에서 파생되는 것들을 생각해 보면 많이 있겠죠.

┗ 오호!! 건드릴 수 없는 변방으로!! 대체 불가능한 변방국!

∧ 예를 들어 한반도에 순수 유교가 제대로, 많이 남아 있다 하면 폭격도 제대로 못합니다. 히틀러도 그리스, 로마 같은 곳은 폭격하지 말라고 한 게 바로 이런 이유 때문입니다. 변방도 그것 하나 밖에 안 남아 있는 건 못 깹니다.

지금 거란족이 남아 있습니까? 청나라의 만주족 남아 있나요? 없어요. 왜 그러냐? 그들은 주류문화이고자 했거든요. 지금 중국에 가장

---

* 춘추역사정신 : 중국의 사마천이 모든 역사를 기록으로 남겨놓아야 한다는 데서 비롯된 역사기록정신

잘 남아 있는 민족이 누군지 아세요? 장족입니다. 중국의 장족은 그대로 남아 있습니다. 왜? 철저히 변방이고자 했으니까. 장족은 한 번도 중국 본토를 지배하지 않았습니다.

그 다음에 사회문화적으로도 한반도는 변방으로 남아야 되요. 왜냐면 이미 우리는 서구에서 들어온 것도 몇 백 년이 됐기 때문입니다. 그러면 이것은 한국적 특성을 갖고 있습니다. 종교학 연구하는 사람들이 "아니 여기는 어떻게 해서 이렇게 단기간에 기독교가 빨리 퍼져나갔지? 새벽기도는 왜 있지?" 하고 호기심 어린 눈으로 한국의 기독교를 봅니다. 그 자체로 연구대상입니다. 한국은 비전이 강합니다. 좁은 땅덩어리에서 몰려 살죠. 그것은 다른 말로 혈연전통이 중국보다도 더 강하게 마을단위로 남아 있다는 것을 의미합니다.

┗ 그럼 그런 측면에서 보자면 변방국 조선이라는 주제가 오히려 성리학과 결부시켜 비전도 강하고, 무언가를 비밀스럽게 전수시켜 주는 것도 가능한 국가라는 거네요. 또 무언가를 순수하게 보존하는 것도 가능한 나라고요.

︿ 유교문화유산으로서 변방의 학문적 특수성을 가장 잘 간직한 한국의 이(理)도 찾아야겠지요. 변방이라는 결을 파악했으면 변방에 맞게 해야 하는 겁니다. 약간은 불편하더라도 그것이 '합리(合理)'라는 겁니다. 그러면 조선시대하고 같이 가는 나라가 명나라예요. 그러면 명나라

의 제도라든가, 그 이전에 유교를 믿었던 당나라, 송나라 때의 제도라든가 그런 것을 다 받아들여서 조선을 꾸몄습니다. 그런데 조선만의 독특한 유교사상이 몇 개 있어요. 중국에는 없는 오로지 조선에만 있는 것! 그 중의 대표적인 것이 사단칠정(四端七情) 논쟁입니다.

┗ 사단칠정 논쟁!

ᐱ 인의예지(仁義禮智)가 사단(四端)이고, 희노애구애오욕(喜怒哀懼愛惡欲)이 칠정(七情)입니다.

칠정은 기쁘다, 성내다, 사랑하다, 두렵다, 슬프다, 미워하다, 욕심내다의 일곱 가지 감정입니다. 이 사단은 인간의 마음에 있는 겁니다. 본성에 들어 있는 것이죠. 그리고 칠정은 인간의 감정으로 표출되는 것, 다른 말로 성정이라고도 합니다. 성정(性情)은 성품할 때 성(性) 자고 정은 감정, 정서할 때 정(情) 자입니다.

그러면 사단은 어디에서 어떻게 존재하느냐? 칠정인 희노애구애오욕은 어떤 형식으로 펼쳐지느냐? 왜 기쁘고 왜 슬퍼해야 하는가? 기쁠 때는 무조건 기뻐만 해야 하냐? 슬플 때는 슬퍼만 해야 하느냐? 하고 논쟁하는 겁니다.

예를 들어 부모님이 돌아가셨어요. 얼마 만큼 슬퍼해야 되느냐? 그런 것에 대한 논쟁을 막 벌입니다. 그런 것에 대해서 맞다 틀렸다, 당신은 주자를 잘못 이해했다 하면서 치열한 논쟁을 벌이죠. 그런데 지금 중국에는 그런 논쟁이 남아 있지 않습니다. 이것에 대해 영남학파의 거두 퇴계 이황선생하고 기호학파의 신예 고봉 기대승이 8년을 논쟁을 벌입니다. 그때는 편지를 주고받으면서 격렬한 사상 논쟁을 벌이죠. 퇴계선생은 거의 60대 할아버지입니다. 우리로 보면 당대 최고의 학자죠. 그런데 고봉 기대승은 30대의 새파란 젊은 학자입니다.

율곡선생의 인물동성론(人物同性論)도 조선에만 있는 독특한 유교 유산이죠. 이 이론은 조선 후기에 율곡학파 내에서 나오는 화두로 사람의 성품과 동물의 성품이 같으냐, 다르냐? 하는 논쟁이죠. 남 작가, 인성과 물성이 같다고 봐요, 다르다고 봐요?

ㄴ 같기도 하고 다르기도 하죠.

∧ 그렇게 하면 율곡이 돼버립니다. 그것을 이기지묘(理氣至妙)라고 합니다. 한마디로 묘하다는 거죠. 그런데 같으냐 다르냐 이걸 갖고 논쟁을 막 벌입니다. 그 이론이 유교에 다 있어요. 인성하고 물성이 같다는 것, 하늘의 입장에서 보면 같아요. 모든 생명은 성품을 다 갖고 있기 때문이죠.

그런데 사람하고 동물하고 어떻게 같아요? 특성이 다르죠. 그러니까 본연의 입장에서 보면 원래 타고난 입장인 겁니다. 동물이 됐든 사람이 됐든 다 성을 타고나요, 그런 점에서 보면 같은 거다. 그런데 둘을 비교해보면 기질 차원에서 다르다 이거죠.

인성과 물성이 같다고 주장하면 인물성동론(人物性同論), 인성과 물성이 다르다고 하면 인물성이론(人物性異論)이 됩니다. 이런 논쟁이 막 일어납니다. 이런 것은 중국에는 없죠.

조선 특유의 사단칠정 논변과 인물성동론, 인물성이론은 중국 유학에도 없는 우리만의 것입니다.

어떻게
죽을 것인가?

L　그럼 최후의 사태를 봐야 할 것 같은데……. 동양철학에서는 죽음을
　　어떻게 받아들이고 있어요?

∧　인간이 만약에 죽지 않는다고 하면 고민할 필요가 없겠죠. 천년만년
　　영원히 산다고 하면 옆에서 누가 칼로 푹 찔러도 죽지 않는다면 실수
　　를 해도 영원히 사니까 괜찮죠. 좋아도 좋아할 일이 없어요. 그런데
　　죽음의 문제가 인간의 삶 자체를 굉장히, 보이지 않게 규정합니다. 그
　　것을 서양의 실존철학에서는 한계상황이라고 그래요.

L　아, 한계상황.

∧　인간은 어느 때가 되면 어떤 한계상황에 도달한다는 것을 암묵적으

로 인지하고 있어요. 그러니까 다양한 사건이 벌어지면 걱정을 하고 근심을 하고 고민을 하는 거예요.

그러면 동양철학에서는 죽음의 문제를 어떻게 보느냐? 동양철학 전체를 말하기 어렵지만 유교의 경우는 죽음 자체에 대해서 대단히 신성하면서 동시에 소중하게 바라보죠.

아주 간단히 얘기하면 유교는 혈연주의 가족주의로 갑니다. 그래서 죽는다는 것 자체를 나는 죽지만 나의 자손과 후손이 가족으로 계속 연결되어서, 대를 이어서 나아간다고 보고 있습니다. 그러니까 내가 무슨 일을 죽을 때까지 못하면 그것을 자식이 이어간다고 보는 거죠. 『논어』에 "아버지가 어떻게 했는지 잘 보고 그 뜻을 이어가는 게 효도다."라고 분명히 나옵니다.

이처럼 죽음을 굉장히 신성하게 보고 의미부여를 합니다.

유교에는 네 가지 예가 있어요. 태어나고, 성년이 되고, 늙어 죽으면 장례식을 지내고, 돌아가신 이후에도 제사를 지내는 게 유교의 네 가지 예입니다. 그런 식으로 죽음을 인간에 있어서 삶의 연장으로 보는 거죠. 삶과 죽음을 구분하는 것이 아니고. 삶 자체의 마무리인 동시에, 숨이 붙어서 살아가는 것은 죽음으로써 마무리지만, 또 다른 대를 이어가거나 나의 뜻을 다시 펼쳐간다는 차원에서는 새로운 삶을 주는 일종의 계기가 되죠.

┗ 죽음을 인간 삶의 연장으로 본다는 것……. 아유, 끝까지 잘 살아야겠

네요.

▲ 누군가 죽었을 때 우리가 제일 먼저 떠올리는 것이 혼의 문제잖아요. 영혼의 문제. 다른 말로 표현하면 귀신이라고도 할 수 있죠. 인간에게는 혼백이 있습니다. 혼(魂)이 있고 백(魄)이 있습니다. 우리는 자꾸 영혼 하니까 서양의 고스트, 비오는 날 묘지가 갈라지면서 여자가 산발해서 소복 입고 나타나는 모습을 연상합니다. 그런 것이 아니고, 혼백이란 것은 살아 있을 때는 사람의 몸이 물리적으로 살과 뼈와 피가 있잖아요. 그런데 사람이 죽으면 이게 썩어 문드러지죠. 그런데 동양에서는 그것을 사라진다고 생각하지 않습니다.

사람에게는 혼과 백이 있어요. 그래서 사람의 혼은 천지기운으로 구성이 됩니다. 하늘의 기운과 땅의 기운을 천지기운으로 받으며 인간은 그 사이에서 살아간단 말이에요.

자, 인간이 죽으면 혼은 하늘로 올라간다고 가정합시다. 백은 땅으로 가라앉죠. 그러니까 인간이 흩어지는 것이죠. 내가 태어났던 자연으로부터 이 세상으로 왔다가 또 자연으로 다른 형태로 흩어지는 것이 바로 인간이라고 봅니다.

L 4대까지 제사 지내는 풍습은 언제 생긴 건가요?

▲ 그런데 동양에서는 그 혼백이 4대, 120년에서 125년까지 유지된다고

동양의 생사관

死
죽을 사

魂

魄

혼
•
천지기운은
하늘로 올라간다

백
•
살과 뼈와 피는
흙과 함께 사라진다

生
날 생

자연에서 태어나서 자연으로 돌아간다

자손을 통해 다시 태어난다

보거든요. 이는 주자의 『문공가례(文公家禮)』를 근거합니다. 30년을 1세대로 보면, 4대가 되면 120살이죠. 120살을 천수라고 해요. 동양에서는 사람이 죽은 다음에 4대째까지 혼백이 살아 있을 때처럼 보이지는 않지만 유지된다고 봅니다. 그러니까 나의 증손자, 고손자, 나의 고조할아버지까지 내 의식 속에 남아 있는 것이죠. 살아 있는 거죠. 그리고 5대쯤 되면 그 혼백이 사라진다고 보는 겁니다. 그래서 5대째부터는 제사도 안 지냅니다. 동양에서는 그런 의식을 갖고 있죠.

└ 죽음은 끝이다, 이게 아니고 죽음은 혈연중심, 가족중심의 사회에서 가족의 후손들에게 새로운 삶을 주는 중요한 계기다, 이렇게 보는 거네요.

∧ 사람들이 대통령 선거를 나간다, 입학 시험에 합격했다, 다른 회사에 취직을 했다 등등 인생에서 중요한 계기가 되는 일이 있으면 상당수의 사람들이 아버지 산소를 찾거나, 할아버지 산소를 찾죠.

└ 아, 맞아요. 감사하거나, 잘 부탁드린다거나……. 그렇게 빌죠.

∧ 그렇게 하는 것은 할아버지와 아버지가 연결이 돼서 그 뜻을 받들어서 더 열심히 살아가겠다고 말씀드렸던 것이 오늘날 부분적인 풍습으로 남아 있는 겁니다.

ㄴ 대통령에 당선되면 국립 현충원을 방문하는 것도 비슷한 의미인가요?

ㅅ 그것도 흡사한 의미죠. 현충원에 있는 사람들은 혈연적으로 보면 남이지만, 정치적 생명으로 보면, 민족의 생명으로 보면 이 사람들은 우리의 선조들입니다. 앞 세대죠. 그러니까 그 사람들이 갖고 있던 고귀한 정신을 잘 이어받아서 나라를 잘 다스리는데 보태 쓰겠습니다. 이런 다짐을 하기 위해 찾는 것이죠.

기본틀을 이해하고
해체해서 응용하라

　이렇게 좋고 재미있는 동양철학이 왜 지금은 중요하게 생각되지 않고, 고리타분하다, 써 먹을 수 없는 학문이라고 생각하게 된 걸까요?

　그것이 우리의 불행이기도 하고, 다행이기도 하고 행복이기도 해요. 역사적으로 그런 결과를 낳기도 했죠. 지금으로부터 100년 전후로 서구문명이 집중적으로 들어왔잖아요. 또 일제강점기 36년도 겪었죠. 그리고 6.25전쟁도 겪으면서 미국문화가 막 들어왔잖아요. 그러면서 유교를 중심으로 하는 동양의 한국문화가 상당히 의도적으로 회피한 것도 있고 상당히 없어져 버렸죠. 그리고 서구문명이 갖고 있는 우월주의도 우리 문화를 회피하게 하는데 큰 역할을 하죠. 그것에 대해서 우리가 열등하게 대응한 것도 있고요. 그러다 보니까 전통 자체가 많이 무너져 버렸죠.

지금 한복 입고 다니는 사람, 거리에 보입니까? 경복궁을 비롯해서 전통과 관련된 문화행사를 한다는 취지가 아니고, 한복전문가나 이런 사람 아니고, 종로 거리에 나갔을 때에 일상생활에서 한복을 입은 사람이 보입니까? 거의 없다고 봐야 하거든요.

우리의 일상문화가 완전 서구화된 거예요.

ㄴ 아, 그런데 신기한 건 일본이나 인도 이런 데선 아직도 전통복장 잘 입고 다니더라고요. 또 주변에서 그런 사람을 신기하게 쳐다보지도 않고요. 무척 자연스럽던데요.

ㅅ 맞아요. 여전히 기모노도 입고 전통복장을 하고 다니고 있습니다, 물론 양복 입고 다니는 사람도 있겠지만. 그래도 우리나라처럼 전부 싹 다 서양 옷만 입고 다니지 않아요. 군데군데 섞여 있죠. 한마디로 우리는 전멸해 버렸습니다. 그런데 이것은 동양철학, 유교가 가지고 있는 장점을 아무리 강변해도 안 먹힙니다.

ㄴ 그건 왜 그래요?

ㅅ 우리 자신이 스스로 버린 거니까요. 이것을 다시 발굴해서 옹호하려고 하는 것은, 마치 서구문화를 가지고 와서 '이게 뭐지?' 하는 것처럼 매우 낯선 일이라는 겁니다.

ㄴ 아 슬픈 데요. 동양철학을 모르다니…… 어떻게 보면 참 비극인 것도
같고. 참 좋은데……. 즈~~~응말 좋은데, 설명할 방법이 없네.

ㅅ 다른 각도로 보면 그래서 우리가 이렇게 잘살게 되었다고 볼 수도 있
습니다.
거기에 매달려 있으면 서구과학문명을 물리치기만 할 수도 있거든
요. 그런데 전통을 지켜야겠다는 생각이 미약했으니까 큰 반대에 부
딪치지 않고 서구문명을 그냥 받아들여서 우리 것으로 발달시킬 수
있었던 것일지도 모르죠.

ㄴ 자본주의를 살고 있는 젊은이들과 '돈이 최고다' 하는 사람들에게 동
양철학의 섭리를 배워야 한다고 할 근거나 제안을 할 수 있는 것이
있을까요?

ㅅ 이해를 잘 해야 할 것이 자본주의라는 것이 경제적 개념이거든요. 경
제개념으로 자본주의의 반대가 공산주의인 거지요.
정치적인 개념은 자유주의와 사회주의에요. 자유주의는 개인의 자유
를 중시하는 쪽으로 연결이 되고, 사회주의는 집단이나 공동체를 우
선시하는 쪽으로 연결이 되죠.
그런데 현대사회는 여기에다가 근대 민주주의부터 민주라는 게 붙어
요. 그러면 자유민주주의체제, 사회민주주의체제가 됩니다. 이것은

정치구조에요. 자본주의의 상대어는 공산주의인데요. 하지만 자꾸 사람들이 개념 없이 "우리 대한민국은 자유민주주의다, 북한은 공산주의다." 이렇게 말하거든요 그것은 범주 오류에요.

아무튼 기본적인 개념은 그렇다는 것을 아시고요. 자, 이 자본주의와 공산주의는 둘 다 장점과 단점이 있어요. 이 장점과 단점을 컨트롤할 수 있는 것이 바로 도덕 윤리입니다.

그러면 우리는 어떤 형식이든 간에 오늘날 사회적인 요소가 많이 들어왔다고 할지라도 자본주의에 기초해 있잖아요. 그럼 자본주의에 입각해서 설명해보도록 할게요.

자본주의에서도 건전한, 흔히 말하는 상도, 상윤리 등 윤리가 살아 있는 사람에 대해서는 함부로 비난할 수 없습니다. 내가 100만 원을 벌었는데 '나는 50만 원이면 잘살 수 있어' 하고 '40만 원을 기부하고 10만 원만 저축할게' 하면 그 사람을 비난할 순 없습니다. 그런데 100만 원을 벌었는데 100만 원을 자기 주머니에 다 넣어버리고 심지어는 10만 원을 더 땡겨 썼어요. 그런데 그게 다 자기 힘으로만 번 게 아니거든요. 착취도 하고 여러 가지 방법이 동원됐습니다. 사람들은 그런 사람에 대해서는 대단히 미워하죠.

현대 자본주의는 불평등이 심화되는 게 문제라고 할 수 있죠. 약탈적 금융 자본주의라고도 하잖아요. 윤리가 살아 있을 때는 자본주의가 잘 돌아갑니다. 하지만 그렇지 않을 때는 빈부 격차가 심화되고 사회적 약자들이 더 소외되면서 자연스레 착취를 당하는 비정상적인 구조가 생깁니다.

자, 이런 상황에서 유교의 역할이 나옵니다. 유교의 여러 경전에 나오는데 유교는 의와 이의 개념으로 나와요. 의는 옳을 의(義) 자예요. 이는 이익을 챙긴다고 할 때 쓰는 날카로울 이(利) 자. 이익할 때 이 자예요.

└ 교수님, 그렇다면 자본주의가 잘 안 돌아갈 때 이를 보완할 수 있는 유교의 가르침에 대해서 자세히 설명해 주세요.

∧ 보통 유교를 잘못 이해하면 정의 쪽에 치우쳐서 의롭게 살아라, 윤리 도덕을 잘 지켜라, 줏대를 가져라 뭐 이런 쪽으로만 생각합니다. 유학에서는 이익을 챙기는 것에 대해 잘못되었고, 나쁜 개념으로 본다고 생각하기 쉬워요. 그런데 유교 경전을 잘 읽어보면 그렇지 않습니다. 의리는 당연히 지켜야 될 것이고, 이익은 의리를 행하는 것에 있어서 하나의 유용한 도구가 되요.

그렇다면 이익은 뭐냐? 잘 쓰면 되는 것입니다. 그런데 이것을 잘못 이해한 사람들이 말하죠. '유학자가 무슨 돈 버는 데에 관심을 가져? 선비가 돈을 밝혀?' 이건 유교를 잘못 알고 있는 것입니다. 유교에서는 돈 버는 데 관심을 가져야 한다고 가르칩니다. 대신에 자본주의적인 사고방식과는 다르죠. 이익을 추구할 때 어떤 방식으로 추구해야 하는지? 이익에 대한 책도 나와 있어요. 이익를 어떻게 바라보느냐.

핵심은 적절하게 벌어야 한다는 겁니다.

재미있게 얘기하면 먹고살 만큼의 이익을 추구하고, 남으면 다른 사람에게 그것을 주라는 개념이에요. 순환개념이죠.

자본주의는 잉여상품이 무진장 남잖아요. 자꾸 긁어 모으고 긁어 모아서 그것을 저축해서 금융자본으로 바꿔요. 자본주의는 엄청나게 남겨버리는 구조니까 '독점자본주의다', '금융자본주의다'라는 말이 막 나오게 되는 겁니다. 그런데 농경사회나 유학에서는 그런 것이 적습니다. 왜냐면 내가 먹고 남으면 모자란 사람에게 주고, 다시 씨 뿌려서 먹고 하는 구조거든요.

그래서 자본주의의 어마어마한 욕망의 축적상태를 줄이고 나눠서 가지자는 동양철학의 이 개념이 더욱 중요시되는 것입니다.

∟ 점점 다양하고 깊어지는 사회적 갈등을 해결하고 건강한 사회로 나아가기 위한 동양철학의 한 수는 뭘 까요?

∧ 유교적 사고방식이 왕정시대의 산물이잖아요. 그러니까 그 구조를 잘 이해해야 되요. 우리가 유교를 중심으로 얘기하고 있는 것들을 옛날에서 찾아서 집어넣으면 된다고 생각하는데 그것은 불가능합니다. 왜 그러냐면 이미 정해진 틀이 다른데 어떻게 그 틀에 집어넣을 수 있겠어요?

ㄴ 집어넣을 수 없죠.

ㅅ 그러면 집어넣으려고 하지 말고 기본 틀을 이해하고, 해체한 다음에
끄집어내서 다시 만들어야 해요. 다시 말해 기존의 틀은 그대로 두고
새로운 것들을 그 틀에 집어넣으려고 하면 안 된다는 겁니다.

ㄴ 그럼 아예 부숴버릴까요? 해체시켜 깔끔하게 다시 시작할 수 있잖
아요.

ㅅ 그렇게 해 버리면 - 여기 있는 내용물이 전부 각자가 됩니다.
민주주의사회에서 갈등구조가 많이 생기는 이유가 뭐냐면 여기 개인
따로, 저기 개인이 따로 이해해서 서로 연결이 안 된다는 것이거든요.
그런 개인을 연결을 해주기 위해서 만들어진 것이 국가, 정부란 말이죠.
정부는 조정기능을 해야 됩니다. 민주주의사회에서 다스린다는 말은
조정기능을 말하는 것입니다.

ㄴ 아, 누가 누굴 이끌어나가고 그런 뜻이 아니네요.

ㅅ 왕정사회는 지배구조입니다. 지배구조는 조정하는 것이 아니에요.
만약 두 사람이 싸우고 있다? 조정하지 않습니다. 왕정사회는 직접
적 지배예요. 명령사회이며 수직구도지요. 그런 상황 속에서 태어난

것이 바로 유교입니다. 그렇기 때문에 유교는 갈등을 조정하지 않고 그 갈등 자체를 섞어버리는 구조에요. 갈등을 다 섞어가지고 다시 반죽해서 내놓는 거예요.

그런데 민주주의사회에서는 삼자가 개입해서 화해하라고 합니다. 네가 이쪽에 얼마 줘, 하는 방식입니다. 그러니까 재판도 하고 여러 가지 조정하기 위한 방법을 씁니다.

민주주의사회에서 조정의 역할을 잘 하려면 유교가 가지고 있는 통합기능을 고민해야 됩니다. 그것을 화(和)라고 합니다. 조화로울 화. 여기서 중요한 것이 화이부동, 혹은 화이불류라고 하는 말이에요. 화이부동은 뭐냐면 둘이 잘 섞여서 가는데 같지 않다. 여전히 물은 물이고 밀가루는 밀가루에요. 그리고 화이불류는 두 개가 통째로 섞였는데 흘러가지 않는다. 쉽게 말해서 멋대로 놀지 않는다. 이게 통합의 기능이거든요. 통합의 의식들.

유교는 기준이 정해져 있습니다. 예를 들어서 두 사람이 있는데 한 사람이 계속 자기주장을 합니다. 그런데 상대가 안 받아들여요. 기준을 보니까 이런 저런 조건이 있어. 그러면 둘 다 기준으로 들어가야 합니다. 그러려면 양보도 해야 하고, 어느 쪽은 포기도 해야 합니다. 유교의 그것을 뽑아내서 써야죠. 유교의 좋은 조정방식을 뽑아내라는 겁니다.

동양철학,
어떻게 공부할 것인가?

지금까지 동양철학의 깊고 오묘한 세계에 대해서 교수님과 많은 이야기를 나누었는데요. 교수님, 그렇다면 동양철학을 삶의 지침으로 삼고 자신의 인생을 좀 더 가치 있게 살고 싶다면 어떤 삶의 자세를 지니는 것이 좋을까요?

동양철학은 현대 한국 사람도 그렇고 흔히 말해서 동양철학을 삶의 지침으로 삼았던 많은 사람들, 중국인, 한국인, 일본인, 베트남인들에게 어떤 영향을 끼쳤는지를 살펴보는 데서 출발했으면 합니다. 당연히 이들에게 동양철학은 '바르게 살아가는데 하나의 지침'이 되었다고 볼 수 있지요.

그런데 문제는 서구화가 진행된 19세기 이후로 현재의 우리는 서구화 된 삶의 태도가 너무 강하게 우리 생활과 의식을 지배하고 있다는 겁니다. 동양은 19세기 이후로 전반적 서구화가 진행이 됩니다. 우리 조선시대 같으면 강화도 조약 이후로 서해안, 남해안 쪽에 서양인이 쭉 들어오잖아요. 그랬을 때에 전반적 서구화가 진행되면서 생활의 모든 것이 영향을 받죠. 비근한 예로 우리도 지금 서양옷을 입고 있잖아요. 이처럼 우리 의식도 굉장히 서양화가 진행이 돼 있습니다. 그러다 보니 서구 근대의 사고양식이 그대로 근대의 특징들로 우리 생활에 나타나는 겁니다. 기계문명, 흔히 말하는 인간소외, 물신화 이런 게 돼 버리죠. 그것에 대해서 동양철학이 그것을 고친다는 엉뚱한 소리를 하면 안 돼요. 그것보다는 너무 서양의 근대적 사고양식으로 가 있는 것에 대해서 균형을 잡아 줄 수 있는 하나의 추 역할을 할 수 있어요. 그런 점에서 우리의 잃어버렸던 동양전통적인 철학들을 다시 생각한다든가 조금 배워 놓는다든가 그렇게 할 때에 서양 쪽으로 지나치게 기울어져 있는 사고양식을 바로잡는 역할을 동양철학이 할 수 있다고 봅니다.

└ 한쪽으로 치우치지 않고 균형있게 사는 게 중요한 거군요.

∧ 그래서 동양철학을 공부하면 삶의 태도도, 오늘날 굉장히 경쟁을 중시 여기고, 대량생산을 통해 똑같은 걸 막 찍어내는 획일적인 생활방식에 대해서 다양한 차원을 고민할 수 있게 해줍니다. 또한 소외된 인간을 인정미 넘치게 감성적으로 바꿔주는 기능을 동양철학을 통해

할 수 있을 것입니다. 이를 통해 너무 이성적으로 치우쳐 있는 근대 서양철학을 동양철학을 통해 감성적인 사고도 할 수 있게끔 균형을 잡는 게 중요하다고 봅니다. 동양적으로 얘기하면 중용을 지킬 수 있는 자세를 갖는 것이죠. 중용을 영어로 '골든 룰(The Golden Rule)'이라고 하거든요. 이처럼 동양철학은 황금율을 줄 수 있는 요소가 많다는 것을 우리가 깨우쳤으면 합니다.

ㄴ '나도 한번 제대로 동양철학을 공부해보고 싶다' 해도 뭐부터 공부해야 할지 막연하다는 느낌이 드는데요. 동양철학을 제대로 공부하고 싶은 분들에게 어떻게 공부하는 게 동양철학을 제대로 이해하는 길인지요?

ㅅ 물론 동양철학을 제대로 공부하고 싶다고 했을 때 참 막연한 게 사실입니다. 엄밀히 따지면 동양학 자체가 원문이 한문으로 돼 있습니다. 따라서 제대로 하려면 한문을 읽기 위해서 한자를 조금 하고 원전을 한문으로 읽으면 가장 좋은 건 사실입니다. 근데 문제가 되는 건 뭐냐면 지금 세상 자체가 바쁘게 돌아가잖아요. 이런 사회에서 그 바쁜 시간을 전반적으로 원전 읽기에만 시간을 할애할 수가 없다는 거죠. 중요한 것은 지금 젊은 학자들을 중심으로 해서 원전을 잘 풀이해 놓은 고전들이 많습니다. 개인적으로 저 같은 경우도 한글로 풀이해 놓은 사서도 있고, 사서를 묶어 놓은 책들도 있습니다. 저뿐만 아니라

젊은 학자들이 많이 해놓은 것 중에서 장자사상도 있고 기타 불교철학도 많이 있습니다.

ㄴ 동양철학도 갈래가 여러 가지인데 어디부터 공부하면 좋을까요?

ㅅ 모든 게 다 중요하지만 동양철학을 이해하고 우리의 전통적인 사고를 이해하려면 유학부터 접근하는 게 좋아요. 그러다 보니까 유학의 핵심경전인 성리학을 중심으로 해서 보면 사서거든요. 대학, 논어, 맹자, 중용. 이렇게 있습니다. 읽는 순서도 정해져 있습니다. 주자에 의하면 대학, 논어, 맹자, 중용 이렇게 가요. 그리고 시경, 서경, 주역 이렇게 갑니다. 조선시대 율곡선생은 대학 앞에 소학을 읽게 했어요. 뭐든지 좋은데 소학, 대학, 논어, 맹자, 중용. 이것이 잘 번역된 책들이 있습니다. 그런 것을 잘 읽고 나중에 여유가 되면 노자 도덕경이라든자, 장자라든가, 불교에도 화엄경을 비롯해서 법화경 등 여러 가지 좋은 경전들이 번역이 잘 돼 있으니까 그런 것들을 읽으시면 됩니다. 한번 읽어서는 안 되고 몇 번 읽고 나서는 '내 생각이 이렇구나, 이런 사람들은 이런 생각을 했구나' 이렇게 혼자서 사고하는 시간을 꼭 가져야 합니다.

ㄴ 동양철학은 서양철학에 비해 사유의 시간이 짧은 학문이라고 하셨지요.

▲ 이 책들을 읽고 나서 동양학은 뭘 해야 하느냐면 산책을 많이 해야 합니다. 산책을 하라는 것이 단순하게 정원이라든가 산에 가서 산책을 하라는 의미도 되지만 사색을 동반하는 산책을 많이 하라는 뜻입니다. 그러니까 사고의 산책을 많이 해야 된다는 거죠. 생각을 많이 해야 됩니다. 그럴 때 중요한 것은 유가사상이 됐든 노장사상이 됐든 불교철학이 됐든 가장 기본적인 것이 자기 반성과 성찰입니다. 그러니까 자기의 행위와 자기의 말을 되돌아 볼 수 있는 사색을 많이 하면 동양철학의 옆문으로 들어가기가 좋아요. 그리고 다시 경전을 보고, 사색하고, 경전을 보고 다시 사색하고 경전을 곱씹어 보고 그런 선순환적인 공부를 하면 좋습니다.

동양철학을 공부하는 방법도 반구저기와 아주 밀접하죠. 그래서 결국은 동양철학은 실천중심으로 갑니다. 요즘 인문학의 열풍이 부니까 동양철학에 대한 다양한 해석도 나오고 소설가들은 재미있는 얘기도 가미해서 나오고 하는데, 중요한 것은 그것이 사상의 향연으로만 머물면 굉장히 위험해진다는 겁니다. 동양철학을 할 때에 논어에는 이런 장면이 나온다, 노자, 장자에는 이렇다, 맹자는 이렇다 해서 지식적으로만 아는 사람들이 많이 있어요. 굉장히 위험합니다. 그 지식을 가지고 사회 속에서 실질적으로 실천할 수 있어야 됩니다.

┗ 반구저기, 잘못을 자기에게서 찾는다!

ᐱ　예를 들어서 반구저기의 자세로 일상생활은 나 자신을 돌아보는데
있다고 했을 때 내가 행동을 했으면 그것을 돌아보고서 정당하고 정
의롭고 잘된 게 있으면 그것을 더 강화시켜서 행동해야 하고, 남에게
상처를 줬다든가 내 행동이 좀 잘못됐다고 하면 고쳐야 합니다. 개선
시켜서 고쳐야 됩니다. 그런데 지식적으로만 아는 사람들은 문자는
엄청나게 아는데 행동하는 것을 보면 도덕적으로 행동하지 못합니
다. 그러면 동양학을 했다든가 동양철학을 한다든가 하는 말을 감히
해서는 안 됩니다.

ᒧ　어떤 분들은 동양철학을 복잡한 우리 삶의 여유나 여백으로 인식해
힐링 즉, 마음의 치유 정도로 여기는 분들도 있는데요. 이런 자세는
동양철학을 제대로 이해하고 있는 것이라고 볼 수 있나요?

ᐱ　이것도 우리가 알든 모르든 관계없이 서양문명과 문화가 들어오면서
우리에게 외피로 입혀진 현상입니다. 그리고 우리는 자신도 모르게
영화를 본다든가, 서양의 소설이나 시를 읽는다든가, 서양의 문학이
나 문화를 접하면서 자칫 잘못하면 서양 사람들이 우리보다 조금 우
월한 것 같다 하는 선민의식을 가지고 받아들인 것이 많습니다. 커피
같은 것도 그런 것 중의 하나에요. 막 받아들였잖아요. 그런데 동양
사상이 그런 서구적인 사고에 대한 반작용으로써 오늘날 많이 유행
하게 됐잖아요. 그런데 그걸 가지고 서양이 지나치게 현실에서 경쟁

으로 나아가고, 너무나 발전사관으로, 진보사관으로 나아가니까 휴식이 필요하다고 하면서 많은 사람들이 동양사상이나 동양철학을 하나의 힐링개념이나 휴식의 개념으로서의 수단으로 삼으려고 합니다. 하지만 그 자체가 굉장히 위험합니다.

┗ 동양철학은 지금 여기, 현실의 삶을 중시하지요?

^ 동양철학이나 동양사상은 거기에 나오는 사고 자체가 삶이 돼야 되고 삶의 실천으로 이어져야 합니다. 그러니까 노자에 보면 부드럽게 살아라, 앞에 나서지 마라 등등 여러 가지 여유의 철학으로 비쳐 질 수도 있습니다. 그런데 안 나서고 어떻게 살아요? 그보다는 노자를 잘 읽어보면 이런 겁니다. 너무 나대지 마라, 나서기보다는 뒤에서 묵묵하게 일하는 게 좋다 해서 약간 뒤로 빠져 있는 것도 좋지만, 그게 아니고 빠져 있을 때는 빠져 있어야 되고 나설 때는 나서는 게 자연이라는 겁니다. 자연스러운 거죠. 그렇게 알아들어야 하는데 대부분 나서야 할 자리도 빠진다, 그러면서 힐링한다, 그거는 삶 자체를 왜곡시키는 거죠. 그래서 동양철학은 그 자체가 실천으로써 녹아들어갔을 때 오히려 힐링이 되는 것이지, 별도로 현대인의 삶이 너무나 바쁘니까 여기서는 휴식을 취하겠다 해서 동양사상을 읽고서 희희낙락하면서 '나는 동양적 사고를 좋아해' 하는 것은 삶 속으로 녹아드는 게 아닙니다.

ㄴ 힐링의 역설이네요.

ㅅ 동양철학에서 보는 침잠고요는 너무 바쁜 삶 속에서 하나의 이면으로서 휴식을 취하는 과정에서 그것 자체가 하나의 실천인 것이지, 생활에서 실천하다가 쉰다는 개념이 아닌 거예요. 침잠고요한다는 자체도 삶 속에서 음과 양이 있을 때 양적인 측면으로 낮에 엄청나게 많은 일을 했다면 밤에 잠을 자거나, 침잠하거나 쉬는 것들도 삶의 절반 정도 되는 부분인 겁니다. 동양철학에서 말하는 쉼이나 여유란 더 활동하고 더 실천하기 위해서 잠시 머무르는 행위 정도로 봐야 합니다. 현실생활이나 나로부터 비롯되는 상황에서 벗어나거나 빠져버리는 것과는 다른 겁니다.

동양철학은 무조건 현실 속에서의 삶의 방식이죠. 그러니까 우리가 그걸 놓쳐버리면 동양철학을 공부하려고 하는 사람들이 대학을 읽든, 노자, 장자를 읽든, 어떤 걸 읽더라도 문자에만 머무르기 쉽습니다. 그러니까 유가의 제일인자라고 볼 수 있는 공자가 늘 얘기하는 것이, 학문을 하려고 하는 사람, 어떤 사람을 배운 사람이라고 하느냐고 했을 때 이렇게 말합니다. 오늘날로 따질 때 지식을 엄청나게 아는 사람이 배운 사람이 아니라 인간관계에서 효도할 줄 알고, 친구 사이에 신뢰를 가질 줄 알고, 자기 일을 할 때 본분을 알고 열심히 사는 사람, 그런 사람을 배운 사람이라고 합니다.

ㄴ 끝으로 동양철학을 삶의 지표로 삼으면서 세상을 '바르고 의미 있게' 살기 위해서는 동양철학을 어떻게 받아들이면 좋을까요?

ㅅ 보통 지금 대학을 졸업한 사람들이 굉장히 많습니다. 과거 베이비붐 세대라든가, 60년대라든가 70년대하고는 굉장히 달라졌습니다. 그래서 1980년대 후반부터 태어난 사람들은 굉장히 학력도 높고, 또 서양학문 동양학문 관계없이 상당히 지적 수준을 높여 가죠. 그러니까 쉽게 말해서 대학에서 철학과를 졸업하지 않더라도 동양철학에 관심이 많고 좋은 서적을 읽은 사람도 많고 맛을 들인 사람도 상당히 많이 있습니다. 그런데 그 분들이 망설이죠. '야, 여기에 푹 빠져들까 하는데 어떻게 해야 하나' 하죠. 그런데 동양철학을 삶의 태도로 받아들이려고 하는 분들이 굉장히 중요하게 생각해야 될 게 있습니다.

동양철학의 세계가 서양 사람들이 생각할 때 굉장히 미스테리합니다. 신비주의적이죠. 그러니까 서양 사람들이 볼 때는 동양학의 논리 자체를 서양논리로 이해를 못할 수가 있거든요. 그러다 보니까 굉장히 신비주의적이고 뭔가 재미있게 얘기하면 알쏭달쏭합니다. 한자로 검을 현(玄) 자에요. 가물가물하고 아련하죠. 그러다 보니까 동양철학을 공부할 때 사람들이 극단적으로 두 가지 성향을 나타냅니다. 동양철학을 냉철하게 나의 삶의 지침으로 삼아서 실천력을 발휘하는 사람이 있고, 자칫 잘못 해석하면 힐링을 한다든가 허무주의로 빠져서 왜곡된 방식으로 푹 빠지는 사람이 있습니다. 특히 두 번째 부류의 사람들 중엔 신흥종교를 만든다든가, 동양철학에 푹 빠져들었다고 해서 현실에서 벗어나려는 사람들이 많습니다.

ㄴ 현재를 살아야지 도망하면 되나요?

∧ 우리가 동양철학을 어떤 태도로 받아들여야 하느냐? 바로 내 삶을 살찌워가는 하나의 또 다른 주요한 요소, 자료다, 이렇게 봐야 합니다. 그러려면 어떻게 해야 하느냐. 책을 볼 때 그 책을 내 속으로 집어넣어야 하는 것이지, 내 인생이 책 속으로 들어가면 안 됩니다. 무슨 소리냐? 우리는 자꾸 어떤 책이 있으면 책을 가지고도 책 속에 푹 빠져듭니다. 재미있게 얘기하면 맹자 같은 훌륭한 사람이 있었어? 야 이 사람은 대나무 숲에서 차 마시면서 청담을 즐기면서 살았어. 그렇게 해서 실제로 그와 유사한 행동을 하려고 합니다. 책에 빠져서. 그런데 진정한 동양철학을 하는 자세는 책을 내 속으로 집어넣는 노력을 해야 하는 것입니다. 그렇게 하려면 지식에만 머무르면 안 되고 앞에서 얘기했던 것처럼 책에 있던 내용을 내 속에 집어넣어야 합니다. 나한테 있는 것을 다시 뱉어내서 글도 적어 보고, 그런 방식으로 가야 되요. 그렇게 맛을 들이려면 어떻게 해야 하느냐?

ㄴ 공부만 하면 안 되는 거군요.

ᐱ 동양철학의 사고 자체를 내 인생의 절대적 지침으로 삼으면 안 됩니다. 지금 현재 절대적 지침으로 삼았을 때 허무주의로 빠지거나, 아까 얘기한 동양철학에 푹 빠져서 현실을 배척하거나 현실을 왜곡하거나 현실도피적인 사고를 드러내요. 그런데 현실 속에서 우리가 철저하게 적극적이든 소극적이든 살아가야 하잖아요. 그리고 그것은 살아가기도 있고, 살아남기도 있고, 견뎌내야 되기도 하고, 삶을 헤쳐 나가야 하는 등 다양한 삶의 방식이 있죠. 그러려면 동양철학이라고 하는 것을 하나의 목적인 동시에 수단으로 삼아야 되요.

ᐧ 목적인 동시에 수단인 동양철학, 멋지네요.

ᐱ 그러니까 목적과 수단을 동시에 삼는 방향으로 나가야 되요. 그러려면 철저하게 이 책을 내 속으로 집어넣어서 내 속에서 분석을 해서 버릴 건 빨리 버려야 됩니다. 옛날과 같은 사고방식으로 살아갈 수 없잖아요. 선별을 잘해야 되겠죠. 중요한 것은 어떻게 공부해야 하느냐 했을 때 책 속으로 들어가지 말고 책을 내 것으로 만들어라. 그래서 저는 늘 그렇게 얘기합니다. "저를 비롯해서 많은 사람들이 동양학 책을 썼지만 거기에 빠지지 마라. 그리고 그 책을 네 속으로 집어넣어서 당신의 이야기를 해라." 그것이 중요합니다.
결론적으로 동양철학을 공부하는 첫 번째 방식은 뭐냐면 그 책 속에 빠져서 허우적대지 말고 그 책을 내 것으로 받아들이되, 받아들인 다음에 나의 글쓰기가 나오든, 나의 말하기가 나와 줘야 한다. 그렇게 하려면 아까 말했듯이 사색하는 산책을 해야 합니다.

요즘 인문학카페 운동이 활발하게 벌어지고 있으니까 동양철학 소모임 동아리 같은 것을 많이 할 수 있잖아요. 그런데 거기서도 지적 유희에서 끝나면 굉장히 위험합니다. 거기서도 과감히 아닌 것은 버려야 합니다. 시대정신에 어긋나면 버려야 됩니다.

흔히 말해서 지적인 것에 심취되면 문구 하나를 잡아서 남들 앞에 가서 아는 체 하는 그런 식으로 간단 말입니다. 그게 가장 위험합니다.

결국 동양철학을 삶의 태도로 받아들이고자 할 때 어떤 공부를 해야 하느냐? 사색을 해야 합니다. 왜냐하면 어느 정도 동양철학에 맛을 들인 사람은 그만큼 글을 읽었다고 봐야 되거든요. 맛을 들인 것은 뭐냐면 이미 책에 절반 가량 빠진 겁니다. 그러니까 이것 재미있는데 하고 하는데 내 것을 못 만들었다는 겁니다. 결론적으로 동양철학을 공부하는 마지막 정리는 읽은 것을 내 것으로 만드는 것입니다. 그래서 내 삶의 지침으로 삼아 행동하고 실천하는 도덕적 정명률로써 동양철학이 내 것화 된다면 궁극적인 공부하는 사람으로 성숙하게 자신의 삶을 고양시킬 수 있습니다. 그것이 동양철학을 하는 사람의 올바른 공부 자세입니다.

玄學

동양철학은
현학이다

·

당신의 이야기를 시작하라!

1) "하늘은 높고 땅은 낮으니 건(乾)과 곤(坤)이 정해진다. 낮고 높음이 늘어서니 귀(貴)와 천(賤)이 자리 잡는다. 하늘에서는 상(象)이 이루어져 있고 땅에서는 형(形)이 이루어져 있으니 변(變)과 화(化)가 나타난다.(天尊地卑, 乾坤定矣. 卑高以陳, 貴賤位矣. 動靜有常, 剛柔斷矣. 方以類聚, 物以群分, 吉凶生矣. 在天成象, 在地成形, 變化見矣.)"
   - 『주역』「계사전」

2) "자연의 질서에 따라 타고난 것을 인간의 품성이라고 하고, 그 품성을 따르는 것을 인간의 길이라 하며, 그 길을 지속하며 문명을 만들어 가는 것을 사회의 문화제도라 한다. (중략) 군자는 혼자 있을 때도 모든 일에 대해 조심한다. 기쁨, 노여움, 슬픔, 즐거움과 같은 인간의 감정이 아직 행동에 나타나지 않은 것을 알맞음이라 하고, 행동으로 나타나서 이치와 도리에 딱 들어맞는 것을 호응이라고 한다. 알맞음은 이 세상 삶의 뿌리이고, 호응은 이 세상 삶의 이치다. 알맞음과 호응은 우주자연과 인간사회의 기본 질서를 유지하고, 모든 존재가 저마다의 삶을 완수하는데 기여한다.(天命之謂性, 率性之謂道, 脩道之謂教. 道也者, 不可須臾離也, 可離非道也. 是故君子戒慎乎其所不睹, 恐懼乎其所不聞. 喜怒哀樂之未發, 謂之中. 發而皆中節, 謂之和. 中也者, 天下之大本也. 和也者, 天下之達道也. 致中和, 天地位焉, 萬物育焉.)"

3) 『맹자』「등문공(滕文公)」 상에 노력자와 노심자에 대해 자세히 언급하고 있다.
   "대인의 일이 있고 소인의 일이 있다. (중략) 마음을 수고롭게 하는 사람은 다른 사람을 다스리고 힘을 수고롭게 하는 사람은 다스림을 받는다. 사람에게 다스림을 받는 사람은 다스리는 사람을 먹이고 다른 사람을 다스리는 사람은 다른 사람에게 얻어먹는 것이 세상의 보편적인 이치다.(有大人之事, 有小人之事. 且一人之身而百工之

所爲備, 如必自爲而後用之, 是率天下而路也. 故曰, 或勞心, 或勞力. 勞心者治人, 勞力者治於人. 治於人者食人, 治人者食於人, 天下之通義也.)"

4) 『주례』의 편면에서도 첫 번째가 하늘에서 따온 「천관총재(天官冢宰)」이고 그 다음이 땅에서 따온 「지관사도(地官司徒)」, 그 다음 순서로 봄 여름 가을 겨울을 빌어 「춘관종백(春官宗伯)」, 「하관사마(夏官司馬)」, 「추관사구(秋官司寇), 「동관고공기(冬官考工記)」로 되어 있다.

5) 맹자의 논리는 다음과 같다.
"사람의 착한 본성은 밤낮으로 성숙되고 새벽의 맑은 기운을 받아야 맑고 깨끗한 기운을 유지할 수 있다. 그러나 좋아하고 미워하는 것을 대할 때 양심을 잃지 않고 보존하는 사람이 드물어졌다. 그 이유는 이렇다. 낮 동안에 사람의 행동은 세속적이고 물욕에 찌든 일들에 구속된다. 그러면 새벽의 맑은 기운을 보존하고 새로운 기운을 기르는 힘이 약해지기 마련이다. 낮 동안에 구속되고 새벽에 새로운 기운을 기르지 못하고 쓰러지기를 반복하면, 양심의 싹을 기르는 기운이 보존될 수 없다.(其日夜之所息, 平旦之氣, 其好惡與人相近也者幾希. 則其旦晝之所爲, 有梏亡之矣. 梏之反覆, 則其夜氣不足以存. 夜氣不足以存, 則其違禽獸不遠矣. 人見其禽獸也, 而以爲未嘗有才焉者, 是豈人之情也哉. 故苟得其養, 無物不長, 苟失其養, 無物不消. 孔子曰, 操則存, 舍則亡. 出入無時, 莫知其鄕. 惟心之謂與.)"

6) "옛날부터 여러 학자들이 역(易)에 네 가지 의미가 있다고 하는데, 불역(不易 : 바뀌지 않음), 교역(交易 : 교류하면서 바뀜), 변역(變易 : 변하면서 바뀜), 이간(易簡 : 쉽고 간단함)이다. 그러므로 '하늘은 높고 땅은 낮다'라는 한 구절은 불역(不易)을 말하는 것이고, '강과 유가 서로 마찰하고, 8괘(八卦)가 서로 요동치며 이동한다'라는 두 구절은 교역(交易)을 말하는 것이며,(중략) '우레와 번개로 고무시킨다'에서부터 '곤이 사물을 이루어낸다'라는 구절까지는 변역(變易)을 말하는 것이고, '건이 쉬움으로

써 주관한다'라는 구절 이하는 이간(易簡)을 말하는 것이다.(諸儒言易有四義, 不易也, 交易也, 變易也, 易簡也. 故天尊地卑一節, 言不易者也, 剛柔相摩二句, 言交易者也.)"

7) "아주 훌륭한 삶의 방식이 있다 하더라도 배우지 않으면, 그 훌륭함을 알지 못한다. 배운 후에야 무엇이 부족한지 알고, 가르친 후에야 애로사항이 무엇인지를 안다. (중략) 그러므로 '가르치고 배우는 것이 서로 북돋아 주고 격려해 준다'고 하는 것이다. 「열명」에 이르기를, '가르침이 배움의 반이다'라고 했는데, 이것을 두고 하는 말이리라!(不知其旨也. 雖有至道, 弗學, 不知其善也. 是故, 學然後, 知不足, 教然後, 故曰, 教學相長. 兌命曰, 斆學半, 其此之謂乎!)"

8) "길·흉·회·린 네 가지는 서로 순환하여 한 바퀴 돌아서 다시 시작하니, 후회를 하고 나면 바로 길하고, 길하고 나면 바로 유감을 느끼며, 유감을 느끼고 나면 바로 흉하고, 흉하고 나면 또 후회한다. 이는 바로 『맹자』 「고자」 하에서 말한 것처럼, '우환(憂患)에서 살고 안락(安樂)에서 죽는다'는 말과 비슷하다. 이는 바로 강(剛)·유(柔)·변(變)·화(化)에 강하고 나면 화하고, 화는 곧 유이며, 유하고 나면 변하고, 변은 곧 강이어서 또한 순환이 끊이지 않는 것과 같다.(吉·凶·悔·吝, 四者循環, 周而複始, 悔了便吉, 吉了便吝, 吝了便凶, 凶了又悔. 正如'生於憂患,(중략) 正如剛·柔·變·化, 剛了化, 化便是柔, 柔了變, 變便是剛, 亦循環不已. - 『주자어류(朱子語類)』)"

9) "하늘은 높고 땅은 낮으니 건(乾)과 곤(坤)이 정해진다. 낮고 높음이 늘어서니 귀(貴)와 천(賤)이 자리 잡는다. 움직임과 고요함이 늘 그러하니 강(剛)과 유(柔)가 갈라진다.(天尊地卑, 乾坤定矣. 卑高以陳, 貴賤位矣. 動靜有常, 剛柔斷矣. - 『주역』「계사전」)"

10) "마음은 형체가 없고 작용은 신령스럽다. 세상의 모든 것을 알고 깨닫는다. 이런 점에서 사람의 마음은 단 하나의 마음에 지나지 않는다. 그런데 하나의 마음에는, 사람의 마음과 우주자연의 마음이라는 두 가지 차원이 있다. 그것은 상황에 따라

개인의 사사로운 기운이나 감정에서 생겨나기도 하고, 본래 타고난 천성 그대로에 기인하기도 한다. (중략) 또한 사람은 누구나 타고난 본성을 지니고 있다. 그러므로 어리석은 사람일지라도 본래 타고난 천성 그대로에 기인하는 우주자연의 마음인 도심을 지니고 있다. 인심과 도심, 이 두 차원은 한 치 크기의 조그만 마음 가운데 섞여 있다. 때문에 마음 다스리는 법을 모르면, 위태로운 인심은 더욱 위태롭게 되고, 은밀하게 드러나는 도심은 더욱 은밀하게 되어, 우주자연의 자연스럽고 공평한 이치가 끝내 사람의 사사로운 욕망을 이겨내지 못하는 상황이 발생한다.(心之虛靈知覺, 一而已矣, 而以爲有人心 道心之異者, 則以其或生於形氣之私, 或原於性命之正, 而所以爲知覺者不同, 是以或危殆而不安, 或微妙而難見耳. 然人莫不有是形, 故雖上智不能無人心, 亦莫不有是性, 故雖下愚不能無道心. 二者雜於方寸之間, 而不知所以治之, 則危者愈危, 微者愈微, 而天理之公卒無以勝夫人欲之私矣. 精則察夫二者之間而不雜也, 一則守其本心之正而不離也. 從事於斯, 無少間斷, 必使道心常爲一身之主, 而人心每聽命焉, 則危者安 微者著, 而動靜云爲自無過不及之差矣.)"

11) "세상에는 사람에게 두루 통하는 보편적인 길에 해당하는 것이 다섯 가지가 있다. 그것을 실천하게 만드는 근거는 세 가지다. 임금과 신하, 부모와 자식, 남편과 아내, 형제자매, 친구 사이의 사귐, 이 다섯 가지 인간관계가 일상에서 실천해야 하는 보편적인 사람의 도리다. 지·인·용, 이 세 가지는 세상 사람에게 두루 통하는 보편적인 덕목인데, 그것을 실천하게 만드는 근거는 하나다. (중략) 배우기를 좋아하는 것은 지에 가깝고, 실천하는 데 힘쓰는 것은 인에 가까우며, 부끄러움을 아는 것은 용에 가깝다. 지·인·용, 이 세 가지를 알면 왜 수양을 하는지 그 근거를 알게 되고, 자기 수양의 근거를 알게 되면, 왜 다른 사람을 다스려야 하는지 그 근거를 알게 된다. 다른 사람을 다스리는 근거를 알게 되면, 자신이 속한 집안과 나라, 나아가 온 세상을 다스려야 하는 이유를 알게 된다.(天下之達道五, 所以行之者三. 曰君臣也, 父子也, 夫婦也, 昆弟也, 朋友之交也, 五者天下之達道也. 知仁勇三者, 天下之達德也, 所以行之者一也. 子曰, 好學近乎知, 力行近乎仁, 知恥近乎勇. 知斯三者, 則知

所以修身. 知所以修身, 則知所以治人, 知所以治人, 則知所以治天下國家矣.)"

12) "사람이 살아가는 데는 기본적으로 따르고 지켜야 할 도리가 있는데, 배불리 먹고 따뜻하게 입고 편안하게 살기만 하고, 사람의 도리에 관한 교육이 없으면, 사람도 짐승과 다를 바 없는 생활에 빠질 수 있습니다. 성인이 이를 근심하여, 설에게 교육을 관장하는 사도를 맡겼고, 사람의 도리인 윤리도덕을 가르치게 했는데, '부모 자식 사이에는 친함이 있고, 군주와 신하 사이에는 의리가 있으며, 남편과 아내 사이에는 분별이 있고, 어른과 어린이 사이에는 차례가 있으며, 친구 사이에는 신뢰를 지켜야 한다'는 것입니다.(人之有道也, 飽食煖衣, 逸居而無教, 則近於禽獸. 聖人有憂之, 使契爲司徒, 教以人倫, 父子有親, 君臣有義, 夫婦有別, 長幼有序, 朋友有信.)"

13) 『맹자』에는 호연지기에 대해 이렇게 언급하고 있다.
　　공손추가 말하였다.
　　"감히 묻겠습니다. 무엇을 호연지기라고 합니까?"
　　맹자가 말하였다.
　　"호연지기, 그것은 한마디로, 정말, 말하기 어렵다네. 그 기운이 어마어마하게 크고 어마어마하게 강하다네. 올곧은 자세로 제대로 기르고 방해되는 것이 없으면, 이 호연지기는 우주자연에 꽉 차게 된다네.(생략) 이 호연지기는 정의롭게 살면서 의리가 쌓이고 쌓여서 생겨나는 것이라네. 어느 날 갑자기 정의로운 행동을 조금 하였다고 하여 가질 수 있는 것이 아니라네. 행동하는 것이 마음에 충분히 녹아들지 않고 시원하지 않은 점이 있다면 허탈감이 밀려오게 마련일세. 그래서 내가 '고자는 일찍이 의리를 알지 못한다'라고 말한 것일세. 고자는 의리를 마음에 있다고 생각하지 않고 몸 밖에 있다고 생각하기 때문이지. 사람은 반드시 호연지기를 기르는 데 힘써야 하네. 특히, 정의로운 일을 하면서, 언제까지 얼마만큼의 효과를 거두겠다고 미리 작정하지 말아야 하네. 마음에 간직하여 절대 잊지 말고, 억지로 조장하지도 말아야 하네.(敢問何謂浩然之氣? 曰難言也. 其爲氣也, 至大至剛, 以

直養而無害, 則塞于天地之間.(생략) 是集義所生者, 非義襲而取之也. 行有不慊於心, 則餒矣. 我故曰, 告子未嘗知義, 以其外之也. 必有事焉而勿正, 心勿忘, 勿助長也.)"

14) "군자는 먼저 착한 자신의 마음을 밝혀 수양을 철저히 하고 덕을 쌓아야 한다. 그래야 사람들이 모여든다. 사람들이 모여야 그들이 살 터전인 땅[국토]을 얻게 된다. 그리하여 보금자리를 찾은 사람들은 국토를 가꾸면서 부지런히 일하고, 거기에서 사람들이 함께 먹고살 수 있는 재물을 생산한다. 사람들이 생산한 재물을 바탕으로 임금은 국가를 경영한다. 때문에 임금에게는 자기 수양을 철저히 하여 쌓은 인품인 '덕(德)'이 가장 중요하다. 그래서 덕을 근본이라고 한다. 백성들이 생산한 재물은 임금의 덕과 조화를 이룰 때 빛난다. 그래서 말단이라고 한다.(君子先愼乎德. 有德此有人, 有人此有土, 有土此有財, 有財此有用. 德者本也, 財者末也.)"

15) 『대학』에서는 혈구지도(絜矩之道)에 대해 이렇게 기록하고 있다.
"온 세상과 인류의 삶을 편안하게 하는 일은 큰 공동체에 기여하는 데 있다." 임금이 어른을 어른으로 잘 모시면, 사람들이 그것에 감화되어 효도하는 기풍을 일으킨다. 연장자들을 연장자로 대접하면, 사람들이 그것에 감화되어 공경하는 기풍을 일으킨다. 고아나 홀아비, 과부 등 사회적 약자를 배려하면, 사람들이 그것에 감화되어 임금을 배신하지 않는다. 그러므로 군자는 자나 사물을 재듯이, 사람들이 어떻게 살아가는지, 그 상황을 헤아려 반듯하게 만드는 '혈구(絜矩)'의 양식을 지니고 있어야 한다. 내가 아랫사람으로 있을 때, 윗사람의 권위적이고 폭압적인 태도가 정말 싫었다. 입장이 바뀌어 내가 윗사람이 됐다. 그런 무례한 태도로 아랫사람을 지도해서 되겠는가?(중략) 상하전후좌우(上下前後左右)를 두루 살펴 공평하고 방정하게 틀을 잡는 일. 이것을 '혈구'의 양식이라고 한다.(所謂平天下在治其國者: 上老老而民興孝, 上長長而民興弟, 上恤孤而民不倍, 是以君子有絜矩之道也. 所惡於上,(중략) 毋以交於右. 此之謂絜矩之道.)"

16) 『맹자』「양혜왕」에는 하내하동(河內河東)에 대해 이렇게 말하고 있다.

"나는 어떻게 하면 우리나라에 훌륭한 정치를 베풀 수 있을지 마음을 다하고 있어요. 하내 지방에 흉년이 들면 거기에 사는 사람들을 하동 지방으로 이주시키고, 하동 지방의 곡식을 하내 지방으로 옮깁니다. 하동 지방에 흉년이 들면 똑같은 방식으로 하고 있습니다.(寡人之於國也, 盡心焉耳矣. 何內凶, 則移其民於河東, 移其粟於河內. 河東凶亦然.)"

17) 『맹자』「양혜왕」에 나오는 '역성혁명' 내용은 이렇다.

"제나라 선왕이 물었다. "은나라 탕 임금이 하나라 걸을 쫓아내고, 주나라 무왕이 은나라 주를 정벌했다고 하는데, 그러한 일이 있습니까?" 맹자가 대답했다. "전해 오는 기록에 그런 사실이 있습니다." 선왕이 말했다. "아래에 있던 중간지도자가 최고지도자를 시해하는 일이 옳은가요? 군사 쿠데타 아닌가요?" 맹자가 말했다. "사람을 사랑하는 마음인 인을 해치는 자를 흉포하다고 하고, 올바른 삶의 도리인 의를 해치는 자를 잔혹한 자라고 합니다. 인의를 해친 흉포하고 잔혹한 자를, 사람들로부터 외면당한 한 사나이라고 합니다. 한 사나이에 지나지 않는 주를 베었다는 말은 들었으나, 최고지도자를 시해했다는 말은 듣지 못하였습니다.(齊宣王問日, 湯放桀, 武王伐紂, 有諸. 孟子對日, 於傳有之. 日, 臣弑其君, 可乎. 日, 賊仁者謂之賊, 賊義者謂之殘, 殘賊之人, 謂之一夫. 聞誅一夫紂矣, 未聞弑君也.)"

18) "스스로 자신을 해치는 인간과는 함께 윤리도덕에 대해 말할 수 없다. 스스로 자신을 버리는 인간과는 함께 훌륭한 정치를 도모할 수 없다. 사람의 도리나 예의에 대해 비난하고 부정하는 것을 '스스로 자기를 해친다'라고 하고, 자신은 사람을 사랑할 줄 모르고 올바른 사람의 도리를 따를 수 없다고 하는 것을 '스스로 자신을 버린다'라고 한다.(自暴者不可與有言也, 自棄者不可與有爲也. 言非禮義, 謂之自暴也. 吾身不能居仁由義, 謂之自棄也.)"